新視界叢書

觀察

理解中國與西方的關係

內斂的超級大國與孤立的霸權

Understanding the China-West Relationship:
The reluctant superpower and the isolated hegemony

〔法〕羅弘 (Laurent Michelon) 著

孟子曰：

"以力假仁者霸，霸必有大國；

以德行仁者王，王不待大。"

叢書策劃：	斯諾工作室
責任編輯：	龍　田
書籍設計：	a_kun
書籍排版：	楊　錄

書　　名：	**理解中國與西方的關係：內斂的超級大國與孤立的霸權**
著　　者：	〔法〕羅弘
出　　版：	三聯書店（香港）有限公司
	香港北角英皇道 499 號北角工業大廈 20 樓
	Joint Publishing (H.K.) Co., Ltd.
	20/F., North Point Industrial Building,
	499 King's Road, North Point, Hong Kong
香港發行：	香港聯合書刊物流有限公司
	香港新界荃灣德士古道 220-248 號 16 樓
印　　刷：	美雅印刷製本有限公司
	香港九龍觀塘榮業街 6 號 4 樓 A 室
版　　次：	2024 年 7 月香港第 1 版第 1 次印刷
	2024 年 11 月香港第 1 版第 2 次印刷
規　　格：	特 16 開（150mm × 210mm）136 面
國際書號：	ISBN 978-962-04-5524-7

目　錄

引言

　　2022 年中國的外交地位在許多方面與 1966 年的法國相似。的確，戴高樂將軍於 1966 年 9 月 1 日發表了著名的金邊演說，他在演說中肯定了"人民自決的權利"，非正式地將法國置於不結盟國家一邊，還對美國侵略者發表了有先見之明的講話，預言"亞洲人民不可能屈服於太平洋另一邊的外國人的統治"。美國政府對法國政府的不滿已有多年。事實上，在戴高樂和莫里斯·顧夫·德姆維爾二人的領導下，法國的外交官們經常對英美霸權國[1]置若罔聞，在國際舞台上獨立行事，這也成為法國外交的標誌，直至 2007 年雅克·希拉克的第二個任期結束。這一標誌代表的是一種另類的、無黨派的聲音，在重大地緣政治問題上受到全世界的尊重和期待。

　　1964 年 1 月 27 日，即金邊演說前兩年，繼 1958 年開始與美國

1　霸權國：從華盛頓特區經倫敦延伸至布魯塞爾的超國家政治實體，通過實施其單獨制定並替代國際法的規則，對其在歐洲、中東和亞洲的附庸行使統治權。其目的是通過軍事和金融脅迫，在全世界推行美式的自由民主。

和英國展開長期鬥爭之後，法國成為第一個與社會主義中國建立外交關係的西方國家。法國勇敢、務實的立場至今仍為中國人銘記在心。

事後看來，我們才知道，戴高樂將軍大膽與中國建立外交關係只不過是一系列挑戰霸權行動的開始。

法國早在 1965 年就將其國際收支順差向美國政府兌換黃金（這給美元造成了巨大壓力）[1]，在 1966 年就對美國入侵越南提出了批評，同年法國退出北大西洋公約組織軍事一體化機構，1967 年作出法國央行退出黃金總庫的決定（導致英鎊崩盤），並對"自信和專橫的人民"在巴勒斯坦實行的擴張政策提出婉轉但擲地有聲的批評。由此引發了現代西方的第一次顏色革命，即"五月風暴"，戴高樂也因此在 1969 年被迫辭職。

---

1 Monnet, Éric, *Une coopération à la française. La France, le dollar et le système de Bretton Woods, 1960 — 1965*, Histoire Politique, Centre d'histoire de Sciences Po, 2013/1, n.19, p. 84.

第一章

2022 年的中國不再是
鴉片戰爭時期的中國

1.1 戴高樂主義外交與莫拉斯治理

習近平主席領導的中國發現自己正處於同樣獨特和面臨挑戰的外交地位。在大西洋主義陣營國家看來，十多年來，中國政府與當年的法國一樣，一直表現出同樣的高傲態度，而且中國更加令人惱火，因為中國擁有世界上第三強大的軍隊，與俄羅斯一樣，也是最具戰鬥力的軍隊之一。[1]

西方媒體一貫將中國的 30 年經濟增長描述為"傲慢"，認為 30 年結束之際，中國將走向霸權主義，發動全面戰爭。原因有三個。

第一個原因：中國在技術創新方面發揮了核心作用，逐漸取代了西方國家在軍事優勢和軍事威望方面的主導地位。

第二個原因是象徵性的：中國的治理在許多方面都呼應了查爾斯·莫拉斯（Charles Maurras）的"整體民族主義"學說，揭示了西方自由主義模式的過時和崩塌，以及在應對世界走向多極化體系時的不足。

第三個原因是最重要的：中國模式的成功使西方新殖民主義所有的失望具象化，也揭示了真正的霸權主義。也正因如此，中國現在成了西方一些神經過敏的媒體以及政客攻擊的對象。

1.2 國際關係中謹慎但重要的角色

中國是 21 世紀初所有重大地緣政治舉措的核心。

---

1 《2021 年軍事實力排名》，《全球火力指數》，2021 年。

RCEP 協定於 2020 年在東盟框架內制定，並於 2022 年 1 月 1 日起生效。從區域範圍來看，中國是有史以來最重要的自由貿易協定——區域全面經濟夥伴關係協定（RCEP）的幕後推手。西方媒體對此的沉默，充分體現了這個新的區域組織在西方引發的擔憂。該協定旨在將 15 個亞洲簽署國的關稅降低 90%，這些國家的人口佔世界人口的 30%，創造了世界貿易的 30%，儘管印度因仍在觀望而缺席。令人遺憾的是，不斷尋求加入國際組織和條約的中國台灣地區，儘管對該區域的所有國家或海關實體開放，但仍不適合加入這一自由貿易協定，而中國香港特區則於 2022 年 2 月獨立申請加入。

在世界舞台上，中國也自然而然地擔當了金磚國家（BRICS）集團中老大哥的地位，在上海成立了新開發銀行，在 G20 峰會上是多邊主義的擁護者，願意擔任全球南方國家聯合起來反對英美霸權的代表。其 "BRICS+" 倡議計劃將金磚國家成員擴大到南方國家以及包括南方共同市場、上海合作組織、歐亞經濟聯盟、東盟—中國自由貿易區、南部非洲發展共同體等區域集團，並將多邊合作擴大到經濟合作以外的領域。

中國是亞洲基礎設施投資銀行（AIIB）的創始成員國，這是一家最初為亞洲國家設立的公共投資銀行，但現在對有意加入的非洲、亞洲及其他各大洲國家開放。現已有 57 個國家加入，其中大多數來自西歐、非洲和金磚國家。亞投行的目標是取代亞太地區布雷頓森林體系的組織機構（國際貨幣基金組織、世界銀行和亞洲開發銀行），為改善亞洲經濟和工業互聯互通所需的基礎設施項目提供資金，與中國在全球範圍內實施的"一帶一路"倡議相輔相成。

中國和俄羅斯都是上海合作組織 [1] 的創始成員國，該組織成立於 20 世紀 90 年代，旨在解決中亞地區的安全問題（宗教原教旨主義、恐怖主義、分裂主義）。當時美國進入該地區，利用蘇聯撤軍留下的真空，在其兩個主要對手俄羅斯和中國的後院製造了一個無休止的混亂區域（即阿富汗）。

在歐洲中心建立軍事基地（穆斯林佔多數的科索沃地區邦德斯蒂爾軍事基地）數年後，美國這個霸主又在烏茲別克斯坦和吉爾吉斯斯坦建立了兩個軍事基地。與烏克蘭、瑞典和芬蘭的情況一樣，這代表著北約在事實上進一步延伸到了中國和俄羅斯的家門口，遠遠超出其欺騙性的名稱縮寫"北大西洋"之範圍。

因此，中國及其參與的所有地緣經濟計劃，都引發了英美新保守主義鷹派及其歐洲附庸國的憤怒。自柏林牆倒塌和蘇聯解體以來，他們已不習慣與另一個"可以說不" [2] 的國家爭論。新保守主義者沃爾福威茨（Wolfowitz）1992 年的理論主張將任何可能對霸權構成挑戰的國家扼殺在萌芽狀態，但已被中國打破，並且在某種程度也被俄羅斯打破。

中國推行"真正尊重文化差異的文明聯邦" [3] 的外交政策，與臭

---

1 前身為上海五國會晤機制，創建於 1996 年。

2 宋強，《中國可以說不：冷戰後時代的政治與情感抉擇》，中國文聯出版社，1996 年。

3 喬萬尼·阿里吉（Giovanni Arrighi），《亞當·斯密在北京：21 世紀的譜系》，倫敦，沃索出版，2007 年，第 393 頁。

名昭著的新保守主義反恐戰爭截然不同。2001 年 9 月 11 日之後的二十年，無論在何處實施，這種帝國主義政策顯然都是失敗的：不僅給中東的一些國家造成了毀滅性打擊，而且弔詭的是，也加速了其霸權的衰落，並逐漸將中國置於地緣政治棋局的中心。經過四十年的經濟發展，中國可以再一次被 "民族文明" 的概念所定義，和俄羅斯等國家一樣[1]。

中國在經濟和外交上的崛起，是美國這個霸主重回公開敵視中國的外交政策的原因。從 1949 年到 1978 年，除了少數西方漢學家和政策專家外，大部分西方人都對中國不那麼感興趣，從 1978 到現在，他們中的絕大多數在四十年來一直無情地預測中國即將崩潰，高速經濟增長也將終結。他們像精明的戰略家一樣，在西方與中國之間每一次新的摩擦中都看到了衰弱、混亂以及即將崩潰的跡象。但是，年復一年，中國每一次經濟和科技進步，每一次外交勝利，都證明了他們的錯誤，但他們基於對現實的否定以及意識形態假設的信念也愈加強烈。當他們指責的中國 "罪惡" 隨著時間的推移自然而然地消失時[2]，他們很快就會代之以越來越不可能的指控，以贏得一無所知的西方公眾的支持。

因此，西方的媒體和政客們不斷編造關於維吾爾人、中國南海、

---

1 弗拉基米爾·普京（Vladimir Putin），《論俄羅斯人與烏克蘭人的歷史統一性》，2021 年 7 月 12 日（上次訪問日期：2022 年 7 月 20 日）。

2 中國西藏自治區現在很繁榮，也很和平；中國城市的空氣污染指數正在急劇下降；獨生子女政策已經修改，鼓勵家庭生三胎。

中國人口老齡化等問題的爭論，目的都是為了製造關於中國的負面信息。西方公眾系統地且不情願地見證了幾十年來在英美霸權的"廚房"裏炮製的關於中國人的各種想像的可恥偏見。

1989 年，為實現政權更迭，美英霸權試圖將北京部分民眾的不滿示威變成一場"顏色革命"，但以失敗告終。此後，這個霸主對中國失去了興趣，直到 2008 年的金融危機，在西方突然衰弱的形勢下，中國在金融危機中受影響較小，反而愈加強大。

英美"深層政府"（Deep State）接管了好萊塢那些無能的"仇華"和"親藏"人士，開始了一場誹謗和系統性騷擾中國的運動，並且一直持續至今。

這場戰爭（的確是一場戰爭）儘管還沒有正式宣佈有任何人受到傷害，但這是一場潛在的衝突，一場永久性的誹謗和挑釁運動，因為這個霸主從其自己進行的多種模擬 [1] 中意識到，其沒有足夠的軍事資源來贏得與中國之間的軍事對抗，除非考慮使用核武器，但這將使北半球變得無法居住。

1.3 霸主發動的不對稱戰爭

霸主並不樂見自己在"快樂全球化"中失去影響力和聲望，因為它是全球化的發起者和主要受益者，而中國在這場運動中以有競爭力的價格成為全球供應商，並且將始終滿足於這一身份。

---

1 《美國在戰爭遊戲中"輸掉底褲"：240 億美元的代價，突破防禦》，2019 年 3 月 7 日（上次訪問日期：2022 年 7 月）。

西方媒體重複的西方衰落理論既是一種精明的論調，也是一種策略：霸權主義者的衰落是其在世界各地奉行的反覆無常的外交政策所帶來的必然結果。但這種西方衰落理論為霸主在與中國的交往中奉行咄咄逼人、高人一等的政策提供了理想的藉口。西方寡頭政治及其媒體將中國正式視為"生存威脅"或"系統性競爭對手"。

　　像之前的戴高樂一樣，中國領導人不得不耗費大量精力來撲滅霸權主義者在中國領土及其周邊地區引發的"大火"。

　　自 2003 年以來，在美國領事館的官方支持和華盛頓民主黨陣營的公開鼓動下，霸權主義者多次試圖在中國香港發動"顏色革命"，在中國新疆挑起民族宗教騷亂，美國中情局、好萊塢與印度合作在中國西藏 [1] 挑起騷亂，在中國南海一再發起軍事挑釁，極具侵略性的印度民族主義重新抬頭，這些都是非常明顯的實例。

　　霸權國及其附庸國正在對中國發動一場非對稱的低強度戰爭，效仿其對俄羅斯、伊朗、朝鮮和委內瑞拉發動的戰爭。這種衝突的不對稱性在於，在一個混合的地緣政治、商業、文化、社會和軍事領域，摩擦點不斷增加，以便在適當的時候，有藉口對中國的非侵略性行為進行報復（實際上是攻擊），而中國對此的"報復"實際是為了回應西方的又一次挑釁。

　　英美"深層政府"的參與者都非常清楚這些仍然擁有主權的地區大國領導人的心態。在 2015 年於索契舉行的第 12 屆瓦爾代國際辯論

1　現在處於和平狀態的西藏自治區是中國發展最快的地區之一，2019 年全區 GDP 增長 9%。

俱樂部年度會議上，弗拉基米爾·普京所表現出的自信就是這種心態的總結：五十年前，我在聖彼得堡的街頭學到一條規矩：如果戰鬥不可避免，那就先發制人。[1]

霸權主義者要做的就是不斷挑釁中國的防禦性軍事姿態，讓這場戰爭不可避免（就像俄羅斯在八年挑釁之後對烏克蘭的干預），並在完全掌握於西方工業集團手中的國際媒體上，將這場戰爭歪曲為一場"不正當的侵略戰爭"，同時也為西方以國際法、民主和正義的名義作出軍事響應提供藉口。

霸權主義者及其附庸國有計劃地在中國的家門口不斷挑釁中國，迫使中國做好防禦準備，從而藉此譴責中國發起軍備競賽，為其在恰當的時候發動軍事進攻提供藉口，媒體將這種進攻稱為"先發制人的防禦"。這種做法在 1967 年的"六日戰爭"（第三次中東戰爭）期間得到完善，並於霸權主義者在全球各地發動的持久戰爭中付諸實踐。

與普京領導的俄羅斯、霍梅尼及其繼任者領導的伊朗、薩達姆·侯賽因領導的伊拉克、塔利班領導的阿富汗、米洛舍維奇領導的塞爾維亞、查韋斯領導的委內瑞拉以及最近的越南和朝鮮的情況一樣，西方媒體將妖魔化敵人思維逐漸灌輸到西方公眾的潛意識中，而這樣一種論調也預示著即將發生的帝國主義侵略。

20 世紀 80 年代，即使像日本這樣的附庸國家，也部分擺脫了帝國主義的監護，政治和媒體戰爭機器開始運轉。附庸國一方面是霸權

---

1 《弗拉基米爾·普京與瓦爾代國際辯論俱樂部成員會面》，《第 12 屆年度會議最後一次全體會議簡報》，2015 年 10 月 23 日（上次訪問日期：2022 年 7 月 20 日）。

國家的盟友，但也可能會突然成為被摧毀的敵人。對於一個妨礙霸主霸權的附庸國，不論這種妨礙是否出於自願，霸權國都不會吝惜任何捏造、誇大或"幌子"式的攻擊。

1.4 這證明中國的新型代辦級外交是合理的

這種不對稱戰爭迫使中國重新定義與西方的關係。中國已經意識到，不再能夠僅僅通過國際法的視角以及國際法和威斯特伐利亞體系確立的國際關係準則來審視國際舞台。

新世界秩序雖尚未宣佈，但業已建立。在這樣一種秩序下，西方民族國家機器被剝奪了主權，淪為日常管理和制定對內政策的輔助職能機構：貨幣、邊境和司法已轉移至超國家體系控制之下，而國防、衛生和教育方面的特權不斷遭到寡頭政治的劫持。

中國正逐漸意識到，儘管自 1949 年以來一直在穩步加強自己的主權，但中國無法繼續與那些僅僅披著主權外衣的國家"坐下來談"。

中國在國際舞台上有了一席之地，一隻腳踩在其仍希望建立的"國際協同體"（Concert of nations）之上，即昨天的世界，另一隻腳踩在西方寡頭政治強加的軍事金融秩序之上，即今天的世界。西方寡頭政治的各種參與者，他們並非無國籍，而是擁有多重國籍，但不再尊重國際法，為此，他們正試圖用叢林法則取而代之，並將之重新命名為"基於規則的國際秩序"。

> 基於規則的國際秩序：霸權國制定的一套模糊規則，適用於整個世界，凌駕於國際組織的法律框架之上。這套自由主義規則的目的是基於自由主義價值觀已被普遍接受的誤導性假設，為自封為"世界警察"的霸權國干涉他國內政的行為尋找說辭：自由派自由主義民主、不受限制的經濟自由主義、軍事人道主義干涉或新保守主義。這種英美概念與 1648 年以來主導國際關係的威斯特伐利亞秩序正相反，後者以國家對其領土和人口享有不容剝奪的主權以及主權國家平等原則為基礎。冷戰結束以來，霸權國在發動侵略戰爭時經常援引這種基於規則的國際新秩序。

對於西方披著合法外衣的野蠻行為，中國和俄羅斯一樣，明白傳統外交只能導致短暫的妥協和不穩定的協議。

自 20 世紀 90 年代以來，為強行建立華盛頓所定義的民主，這個霸權國保留了隨時干涉他國內政的權力，而不徵求包括其所謂的"盟友"在內的其他參與者的意見。但正如俄羅斯外交部長謝爾蓋·拉夫羅夫所指出的，"一旦我們談到國際關係民主化，特別是摒棄傲慢以及按照國際法的普遍原則而不是規則行事的意願，霸權國就會立即對對話失去興趣。"[1]

鑒於霸權者制定自己的規則，在國際法規則之外利用代理（或第

---

1 俄羅斯聯邦外交部長謝爾蓋·拉夫羅夫，《關於法律、權利和規則》，莫斯科，2021 年 6 月 28 日（上次查閱日期：2022 年 7 月 20 日）。

　　　　　　　　　　　　　　　　　　　　　　理解中國與西方的關係

三方）[1] 向其他地區大國發動戰爭，中國與俄羅斯一樣，也正在發展一種新的代辦級外交形式。

因此，在解決與歐洲小國的爭端時，比如立陶宛突然敵視中國的爭端，北京方面明白，布魯塞爾試圖將爭端中的貿易問題提交世貿組織（WTO），而政治問題將在華盛頓而不是在布魯塞爾解決。維爾紐斯像一顆棋子一樣上躥下跳，無論是升級還是緩和華盛頓強加給它的這場衝突，它都沒有決策權。但是，就像被華盛頓利用而挑釁俄羅斯的烏克蘭一樣，維爾紐斯將獨自承受這一針對中國的新帝國主義式挑釁所帶來的苦果。

中國外交早在西方人之前就已經明白，歐盟實際上是一個敵視中國的受外國勢力（美）控制的國家聯盟[2]，但中國與歐盟主導國家的雙邊關係卻是友好且富有成效的[3]。中國也意識到，歐洲國家的主權職能早已移交給布魯塞爾以及華盛頓，故而其與布魯塞爾的談判永遠不會像與華盛頓或世貿組織談判那樣有成效，也因此其將只與歐洲各國就次要問題（氣候會議、國際體育比賽、關於特定農業或工業產品的雙邊協議等）進行談判。

儘管歐洲國家改變事態的機會極其有限，但並非不存在，北京方面會最大限度地加以利用，但不是像那些惡毒的言論所暗示的那樣，

---

1 烏克蘭對俄羅斯、巴基斯坦對印度、日本和中國台灣地區對中國大陸、摩洛哥對阿爾及利亞、厄立特里亞對埃塞俄比亞、哥倫比亞對委內瑞拉、阿塞拜疆對伊朗等。

2 外國勢力統治的政權，來自希臘語 xenokratía，xenos（外國）和 kratos（權力）的組合詞。

3 《環球時報》報道，習近平與默克爾舉行視頻會晤，彰顯了兩國之間的深厚友誼，為進一步推動中歐會談鋪平了道路，2021 年 10 月 13 日（上次查閱日期：2022 年 7 月 20 日）。

意欲分裂和統治，而是出於對繞過歐盟層面的顧慮，因為歐盟對霸權是屈從的。在重大地緣政治和經濟問題上，中國外交將繼續與歐洲主要國家和布魯塞爾進行談判，保全中間對話者的面子，以免破壞未來可能有用的任何橋樑，但華盛頓和國際論壇（包括像達沃斯這樣的非正式論壇）仍將是其優先對話者，因為這些才是國際關係的真正參與者。

中國正通過這種方式逐步與俄羅斯聯合。俄羅斯仍處於與西方鬥爭的前綫，並於 2021 年 10 月決定停止與北約談判，而直接與華盛頓對話。

除德國以外，其他歐洲國家都被中國和俄羅斯視為輕量級選手，這些國家彼此之間無法和睦相處。雖然歐盟內部是禁止法德對抗，但在歐盟之外，這種對抗的激烈程度從未減弱，而法德在中國的迂迴式競爭，破壞了歐盟希望展現的團結形象。

我們可以看到，西方普遍主張的這種自由民主正在西方陣營內部，以及在被征服的西方國家與仍然擁有主權的國家之間的關係中引發多重衝突。就像一個對疾病作出反應的機體一樣，一種反西方政治與文化抗體的產生過程逐漸顯露，俄羅斯及中國外交的突變就是明證。

1.5 拒絕西方漸進式模式

在針對中國發動的混合戰爭中，像俄羅斯和某些東歐國家（比如匈牙利）一樣，中國不僅有物理邊境需要加強防禦，而且，最重要的是，還必須保護其人民免受西方的有害影響，特別是那裏不斷蔓延的毫無價值的社會風氣。因此，中國政府，像俄羅斯政府一樣，禁止傳播正在西方肆虐的社會議程：享樂主義、個人主義、青年主義、同性戀[1]、移民主義、反種族主義、超人類主義[2]，所有這些都是從倫敦和華盛頓的全球主義廚房中湧現出來的，除了腐蝕文明的承重牆之外，別無其他目的。

霸權國及其歐洲親信和個別中東盟友實際上已經將這些社會流行項目軍事化，如同性戀，並且使用包括文化外交在內的一切可能手段，將這些項目強行引入中國社會。

其部署的資源尤其具有侵入性：派駐中國的變性外交官、德國駐廣州領事館支持中國政府禁止舉辦的國際同性戀電影節、中國社交網絡上關注同一主題的團體等。

長期以來，西方政客們在中國大陸、台灣、香港等地區的問題上的執著表明，這並不是西方“深層政府”的隨機選擇，而是一種蓄意的武器，旨在從內部滲透中國的社會結構，破壞中國社會，使中國社會受制於三十年來流行於歐美社會的享樂個人主義的帝國主義意識形態。

1　LGBTQI+ 議程的推廣。

2　Le créateur chinois des "bébés Crispr" candamné at 3 ans de storption at at accordiction d'exercer，Numerama，2019 年 12 月 30 日（上次訪問日期：2022 年 7 月 20 日）。

1.6 重拾自信

在拒絕衰落的西方模式的同時，中國正通過在國際舞台上表明自己的立場，尤其是通過積極自信的外交部署，不接受任何外國指令，堅決反對西方官員以家長式態度無視尊重與互惠的外交基本原則，促使英美的霸權地位得以終結。

英美新保守派總是很快扭轉局面，他們喜歡把中國這種外交政策誇大為"戰狼外交"。"戰狼"一詞是中國一部動作電影的名稱。

> "戰狼外交"：一種顛倒黑白的指責，旨在誇大中國外交在拒絕回應關於中國內政的毫無根據的指控時所表現出的浩大氣勢。在西方設想的理想狀態下，中國外交人員本應接受這種毫無根據的指控，而不進行"報復"，以安撫西方媒體和評論人士。

北京方面經常被指責為"武斷"，好像它侵犯了美國式自信的知識產權，而這種自信是只為華盛頓及其好萊塢宣傳者保留的品質。

西方顯然更喜歡一個發展中的、謙遜的、低調的、不反擊挑釁的中國，希望中國始終遵守鄧小平強調的韜光養晦的重要性並向其繼任者提出的著名的謹慎建議。[1]

在中國經歷了長達一個多世紀的屈辱和重建之後，是什麼樣的認知偏見導致西方政客、新聞記者和評論人士否認中國重拾自信和應對

1　韜光養晦："點一盞燈，把燈放在斗底下"，隱藏才能，不使外露，收斂成功的鋒芒。

挑釁的權利？

是不是因為歐洲國家既沒有勇氣也沒有手段來對抗龐大的美國敲詐勒索者，他們才希望中國表現出同樣的懦弱？

中國有著悠久、豐富但慘痛的歷史。它比其他國家都更清楚這一點，因為它曾遭受盎格魯—撒克遜新教精神模式的折磨。在這種模式中，失敗者不僅輸了，而且被徹底的失敗所羞辱。[1]中國在 19 世紀鴉片戰爭期間經歷了這種屈辱，直到最近才從中恢復過來。

1.7 霸權者的新策略：煽動中國人狂妄自大的火焰

2008 年奧運會之後，中國成了一些人口中"傲慢"的沃土。但大部分中國人只是在正當地慶祝一個世紀以來西方列強給中國帶來的屈辱歷史的結束，以及令整個世界為之羨慕的驚人的經濟崛起。這種屈辱在中國人民心中依然歷歷在目，官方歷史既不願將之抹去，也不願讓侵略者可以不付出任何代價地一筆勾銷。但是，儘管中國在媒體和教科書上保留著它所遭受的百年屈辱的記憶，但也小心翼翼地杜絕侵略性民族主義的發展。這種民族主義如果變得太強大，就會喪失理性，進而影響甚至迫使中國的外交政策走向危險的境地。

一些西方分析人士指出，通過煽動因奉承（誇大西方的衰落和中國的主導地位）而加劇的民族主義，有機會將中國從中心推向角落。許多中國知識分子因此落入這一陷阱。

1　"象棋傾向於決戰，圍棋傾向於長期戰役。象棋手追求全面勝利，圍棋手尋求相對優勢。" 亨利·基辛格，《論中國》，企鵝出版社，2011 年。

這種欺騙策略旨在煽動中國知識分子的傲慢，一旦這種傲慢發展到一定程度，這些知識分子便會鼓動政府或軍隊以霸主姿態升級挑釁，進而演變成中國應為此負責的武裝衝突。

　　宣揚中國模式的優越性可以討好中國的記者和官員，其中一些記者和官員在公開場合或社交網絡上發表言論，給人一種中國是一個自信、傲慢、心存報復的國家的印象，並迅速爆紅，儘管這並不是政府的官方立場。

　　同樣，西方媒體為描繪一個征服的、霸權主義的、專制的中國，宣佈美國治世的終結，然後又異想天開地宣佈中國治世的出現，而事實上，這只是一種策略。

　　美國提出中國治世，是為了迎合中國的民族主義自我意識，同時向世界其他國家和地區暗示一個由中國主導的世界秩序即將出現，而沒有人願意這樣，即便是中國自己也不急於此。相反，中國重視促進多極化，從未給人留下遵循英美帝國統治模式的印象。

第二章

帝國主義對華政策：七十年的滲透

主義與破滅的新殖民主義希望

共產主義將逐漸讓位於關注國家和人民福祉的制度……俄羅斯和中國共產黨人不是為了人民的福祉而工作。這種共產主義必須改變。

——約翰·福斯特·杜勒斯，1958 年 10 月 24 日，
英國廣播公司（BBC）採訪 [1]

2.1 從杜勒斯計劃的複雜性到蓬佩奧的恐華抱怨

位列中國共產黨第八次全國代表大會主席團的薄一波在其回憶錄中說到，根據艾森豪威爾政府國務卿約翰·福斯特·杜勒斯的說法，"應該使社會主義國家'被奴役的人民'得到'解放'……這種解放可以通過戰爭以外的方法達到……"。

杜勒斯指的是社會主義國家內部出現的要求自由化的部分人。杜勒斯寄希望於社會主義國家的第三代和第四代人實現這種自由化。[2]

1953 年 1 月的杜勒斯計劃之設想必須伴隨著蘇聯和中國社會主義的"和平演變"。這實際上發生在蘇聯，是 20 世紀 60 年代中蘇意識形態分裂的根源，毛澤東曾質疑赫魯曉夫與美國和平共處的主張以及對其蘇聯共產黨內部自由派的寬容。

尼克松在 1967 年宣佈接管杜勒斯計劃。五年後，他宣佈與中國

1　翟強，《防止和平演變》，《中華遺產季刊》，1959 年，2009 年 6 月 18 日（上次訪問日期：2022 年 7 月 20 日）。

2　薄一波，《若干重大決策與事件的回顧》。

實現外交關係正常化："自由世界必須戰勝這種暴政……除非中國改變，否則世界不會安全"。

在西方外交衰落的五十年後，美國國務卿邁克·蓬佩奧宣佈，"世界上每個國家的每一位民選官員都有義務站起來對抗中國"[1]。在他擔任美國國務卿期間，對中國進行了一系列仇恨謾罵和異想天開的指控，這些指控越來越具有攻擊性和誹謗性，而且總是毫無根據。

2.2 英美新殖民主義的希望破滅

> 在西班牙，我第一次看到報紙上的文章與事實的真實性完全無關，甚至與普通謊言仍然保留的那種關係都沒有……我看到歷史不是按照所發生的事情寫的，而是按照應該發生的事情，依據各種官方路綫寫的。
>
> —— 喬治·奧威爾，《向加泰羅尼亞致敬》，1938 年

儘管不斷通過鼓勵政府和公民社會中的自由派努力來改造社會主義國家，但正如下一章討論的許多例子所說明的那樣，在過去六十年裏，霸權國未能按照自己的想像塑造中國。

自 1984 年以來，英國殖民主義者及其美國繼任者在中國香港問題上一直含糊不清，正如西方媒體在 1997 年香港回歸時成功鼓吹的那樣，這種含糊態度意在 "影響中國，使其融入自由資本主義

---

1 《共產主義中國與自由世界的未來》，美國國務院發言人辦公室，2020 年 7 月 23 日（上次訪問日期：2022 年 7 月 20 日）。

模式"[1]。

2021 年，與西方戰略家和評論家的瘋狂預測相反，香港特區將繼續與"粵港澳大灣區"逐步融合，而不是中國內地要照搬西方模式。

同樣，2001 年中國加入世貿組織所帶來的前景在西方引起了極大的不滿，因為霸權者意識到，中國把國家利益放在首位，不接受按照霸權者的計劃進行改革。

霸權者現在注意到其改變中國政治體制的多次嘗試均失敗了，還意識到其貪婪以及完全基於意識形態的地緣政治算計，為世界西化進程的終結創造了條件，也為世界最後一個文明古國[2] 即中國的復興創造了條件。中國的傳統價值觀與時俱進，並會在未來一直延續。

2.3 指責北京方面的 "卑劣行為"：一系列顛倒黑白的指控

西方政要和媒體將擴張主義、霸權主義和復仇野心歸咎於中國是一種時尚。為描繪出這種不討人喜歡的中國形象，西方宣傳的其中一個主要伎倆就是指責中國從建國到現在都犯有霸權國家所犯下的相同罪行。

2.3.1 "種族滅絕"：中國西藏之後，中國新疆

自 20 世紀 80 年代以來，在中國各省份中新疆一直扮演著和西藏

---

1 1997 年 6 月 28 日的超自由主義週刊《經濟學人》中題為《香港如何改變中國》的文章寫到："如果不是中國重新控制香港，而是中國回歸香港呢？荒謬？不一定。從經濟角度看，這個事情已經發生了"。

2 馬丁·雅克，《當中國統治世界：中國的崛起和西方世界的衰落》，英國企鵝出版社，2009 年。

類似的角色。不幸的是，對於新保守主義的英美戰略家來說，由於西藏是中國經濟增長率最高的省份之一，西藏人不再像西方媒體所想的那樣，渴望回到中世紀的宗教貴族統治。西藏問題從來不是，現在也不是一個永久性問題。

另一方面，西方有一種長期騷擾模式，即利用散居國外的一小部分藏族人，達成外交挑釁 [1] 以及負面宣傳中國之目的，而西藏人並未給予這些人授權。

現在，西藏高原上的媒體熱度已減弱，輪到中國新疆的維吾爾人 "受益於" 西方媒體的聚光燈和西方外交的關注。來自世界各地的記者、評論員、外交官和西方領導人的這種同步的關注，對維吾爾人來說有些突如其來，因為他們在巴勒斯坦的穆斯林表親近八十年來在維護自己權利方面一直未能獲得這些西方精英的支持。

中國新疆問題是在華盛頓和倫敦新保守派的廚房裏炮製出來的，目的是以極端虛偽的方式在與中國交往中增加籌碼，而這些戰略家在穆斯林中東地區橫行了八十年，被貼上了臭名昭著的 "伊斯蘭恐懼症" 標籤。

英美霸權最初的霸權主義行徑是大肆屠殺美洲印第安人，導致其種族滅絕。因此，西方戰略家、評論家和官員自然想到用這個詞來描述中國政府對新疆維吾爾族社區某些成員的分裂主義和宗教原教旨主義的管理，儘管這種管理是堅定不移的。

---

1 我們都記得，2008 年北京奧運會之前，無國界記者組織在奧運火炬傳遞隊伍行經巴黎時發動惡意襲擊。

如同 20 世紀 50 年代末的西藏一樣，自 1989 年蘇聯離開阿富汗以來，西方特務部門一直為中國新疆的分裂主義和宗教激進主義的溫床推波助瀾，如果考慮到 1979 年蘇聯進入阿富汗前六個月美國中情局（CIA）對"聖戰者"的支持 [1]，此行為甚至早在十年前就已開始。當時卡特總統的安全顧問茲比格涅夫・布熱津斯基 [2] 公開承認英美對阿富汗的干涉。奇怪的是，我們敏銳的分析家們沒有一人注意到美國軍隊抵達中亞與建立"維吾爾族獨立運動"（即所謂"東突厥斯坦伊斯蘭運動"，ETIM。2002 年被聯合國認定為恐怖組織）在時間上的巧合，都是 1988 年一個晴朗的日子。

　　中國共產黨自 1949 年開始控制新疆，1955 年起又成立新疆維吾爾自治區，地位特殊。今天的新疆地區，至少從漢代起就納入中國版圖。那麼，如果像一些西方媒體歪曲宣傳的維吾爾人在歷史上受到漢族的虐待，或者最近受到共產主義中國的虐待，為什麼他們要等到 1988 年才發起一場新宗教維度的政治叛亂運動呢？同樣，為什麼西方媒體、其非政府聯合轉播機構和通常的電視煽動者要等到 2015—2016 年甚至更晚才開始炒作這種所謂的"種族滅絕"？

　　對於那些質疑新疆地區歷史上屬於中國管轄區域的人來說，我們應該記得，14 世紀和 15 世紀中國雲南南部發生的苗族叛亂是明朝（公元 1368—1644 年）軍隊的維吾爾營在著名的維吾爾族將軍哈拉・

1　羅伯特・蓋茨，《親歷者：五任美國總統贏得冷戰的內幕》，西蒙舒斯特出版社，1997 年。

2　*Oui, la CIA est entrée en Afghanistan avant les Russes,* Le Nouvel Obser — vateur，1998 年 1 月 15 日，第 76 頁。

理解中國與西方的關係

巴什（Hala Bashi）的指導下平定的。因此，維吾爾族人並非分裂主義者，事實上他們是帝國時代的中國用來對付某些叛亂民族的鐵錘。還有什麼比這種制服中國其他真正反叛勢力的熱忱更好的證據來證明維吾爾人融入了中華帝國？

現在讓我們回溯到 20 世紀 80 年代，轉換場景，更好地理解上述說法的荒謬性。想像一下，如果中國謹慎地促成了一場為阿爾薩斯-洛林獨立而戰的天主教恐怖運動，那麼當時執政的弗朗索瓦·密特朗的社會主義政府會做出怎樣的反應。這種虛構的劇情在西方評論家看來似乎難以置信，但當我們的美英 "同盟" 在中國西藏和新疆地區演繹到最後一個細節時，他們並不感到震驚。

同樣，西方記者從未嘗試告訴我們，為什麼 "東突厥斯坦伊斯蘭運動"（ETIM）在 2020 年突然被美國從恐怖組織名單中除名，藉口是 "污名化新疆穆斯林"。自 2002 年以來，"東伊運" 因其在中國發動多次恐怖襲擊（謀殺平民和伊瑪目）以及最近與 al—Nosra、al—Qaeda[1] 和伊斯蘭國阿富汗分支伊斯蘭國呼羅珊一起參與敘利亞戰爭而在聯合國恐怖組織名單中名列前茅。[2]

儘管有相反的證據，西方關於中國對維吾爾人實行 "種族滅絕"

1　2020 年 7 月 16 日安全理事會委員會主席依據關於伊拉克和黎凡特伊斯蘭國（達伊什）、基地組織及有關個人、團體、企業和實體的第 1267（1999）號、第 1989（2011）號和第 2253（2015）號決議給聯合國安全理事會主席的信（上次訪問日期：2022 年 7 月 20 日）。

2　《為什麼伊斯蘭國呼羅珊分支（簡稱 ISIS—K）說其自殺式炸彈襲擊者是維吾爾人？》，《南華早報》，2021 年 10 月 10 日（上次訪問日期：2022 年 7 月 20 日）。

的指控仍然存在。來自穆斯林國家 [1]（馬來西亞、沙特阿拉伯、巴基斯坦、印度尼西亞等）的政府代表團在訪問 [2] 中國新疆維吾爾人職業技能教育和培訓中心後表示，他們沒有看到任何西方媒體 [3] 報道的迫害跡象。

聯合國人權事務高級專員最近對新疆的訪問中沒有發現任何種族滅絕 [4] 或其他虐待問題，但整個西方媒體和政客們都拒絕接受聯合國機構的結論，認為該機構只是證實了他們事先得出的結論。

因此，西方記者、大學教授和其他評論員以及他們在香港、台北、巴黎或華盛頓等城市辦事處的當地轉播站，看起來比任何人都更了解新疆正在發生的事情，而他們甚至根本沒有到過新疆。他們的指控依據的是哪些既定事實？他們與少數移民到西方的維吾爾人會面，以證實他們異想天開的論調。就這麼簡單？在法語中我們稱之為 "事實核查" 的新聞準則他們做到了嗎？

西方對新疆的宣傳混雜著嚴重歪曲的事實和無稽之談。雖然中國有為涉嫌分裂主義和宗教原教旨主義的維吾爾人提供的融合和職業培訓中心。但為描述這些中心，西方媒體使用了令人髮指的詞彙，讓讀

---

1 《哪些國家贊成或反對中國的新疆政策？》，《外交學人》，2019 年 7 月 15 日（上次訪問日期：2022 年 7 月 20 日）。

2 《對大規模拘留維吾爾人施加壓力，中國接受外交官參觀 '再教育營'》，《時代》雜誌，2019 年 1 月 7 日（上次訪問日期：2022 年 7 月 20 日）。

3 《沙特阿拉伯、俄羅斯等 37 個國家支持中國的新疆政策》，路透社，2019 年 7 月 12 日（上次訪問日期：2022 年 7 月 20 日）。

4 高級專員米歇爾·巴切萊特在 2022 年 5 月 29 日訪問中國後發表的聲明（上次訪問日期：2022 年 7 月 20 日）。

者聯想到了 20 世紀 30 年代初的德國政權："奴隸制、難民營、幸存者、迫害、強迫絕育、種族滅絕、酷刑"，等等，所有這些都是大眾媒體的無理指控，從未提供任何嚴肅的證據。

為了遵守眾所周知的新聞職業道德，西方媒體利用在其他國家（印度尼西亞、美國）拍攝的照片來為中國政府定罪。[1] 這個過程是如此粗糙，以致於他們的一些同事不得不提醒他們，這種操作 "對維吾爾事業有害"[2]，而所謂維吾爾事業本身就是捏造的。

對西方媒體來說，重要的不是追求準確性，而是對讀者和觀眾的可塑性思維產生驚人的影響，隨之而來的（選擇性的）憤怒，以及惡意謠言的必然傳播。

西方媒體和政客們在與中國的信息戰中，並沒有被與他們虛幻的敘述相矛盾的事實所困擾：新疆的維吾爾族人口據稱是 "種族滅絕" 的受害者，但 50 年來人口數從 550 萬增加到 1280 萬，平均預期壽命從 30 歲提高到 72 歲。[3] 不僅如此，維吾爾族和中國其他少數民族一樣，也無需遵守漢族幾十年來的獨生子女政策。

1　參見《環球時報》2020 年 1 月 10 日曝光的 "受迫害的維吾爾人" 的假照片和假視頻（上次訪問日期：2022 年 7 月 20 日）。

2　《維吾爾人受迫害的假照片是如何傷害他們的事業的》，《觀察家報》，法蘭西 24 小時，2020 年 1 月 13 日（上次訪問日期：2022 年 7 月 20 日）。

3　中國外交部發言人回答英國媒體有關新疆的問題，2020 年 9 月 4 日（上次訪問日期：2022 年 7 月 20 日）。

有一些已出版的關於中國新疆地區的書籍，[1] 是真實田野調查的成果，以一種更微妙的方式闡述了事實，揭示了誹謗者的背景和職業關係，但被媒體有意忽視，或者，如果在沒有宣傳的情況下找到了受眾，就會被貼上虛假信息的標籤，媒體就會對作者群起而攻之。

2.3.2 "顏色革命"：香港的裂變

歷經一百五十餘年的管治，英國王室突然決定在 1995 年在香港實行新的政治制度，就在香港回歸中國前兩年。

1984 年，在就香港問題與鄧小平領導下的中國進行談判期間，港英政府開始組建香港議會，其成員預計會過渡為回歸後的香港立法會，鼓勵由反共、反華、親英和親美個人和團體[2] 組成混雜的聯盟形成回歸後的政治反對派。

這項對香港政治體制的突然改革是在英國政府的倡議下進行的，在香港人民並未就此提出直接要求的情況下，英國政府認為，一定程度的 "民主化" 對香港人民是有利的，但在英國殖民時期絕不容許出現政治反對派。事實上，其目的是以 "民主化" 為藉口，打著 "反中" 的旗號，在即將回歸祖國的香港人中製造分裂[3]，這是基於一旦賦予

1　閱讀馬克西姆・維瓦斯的書，*pour en finir avec les fact news*, Editions Les Routes de la soie，2020 年；以及經濟學家傑弗里・薩克斯的文章，《對新疆種族滅絕的指控是不正當指控》，辛迪加，2021 年 4 月 20 日（上次查閱日期：2022 年 7 月 20 日）。

2　《誰違反了 1984 年〈中英聯合聲明〉？》，《中國日報香港版》，2021 年 11 月 7 日（上次訪問日期：2022 年 7 月 20 日）。

3　"製造分裂" 這一人類學概念描述了一種人們將自己定義為與他人對立的傾向。應用於政治領域，將分裂過程定義為同質群體中的對立子群體，而同質群體以往沒有需要分裂的紛爭。

人民權利，就不可能剝奪人民的權利的原則，除非準備好面對嚴重的內亂。因此，香港於 1995 年 9 月 17 日舉行了殖民管治時期的第一次也是最後一次選舉，在香港社會埋下了不和諧的種子。

此立法會的組成分為地方選區（普選後分配的席位）和所謂的功能組別（以多數票分配給專業界別代表的席位），是 1994 年港英政府不顧北京方面的抗議提出的一系列法律修正案的一部分。這場最後一刻的立法馬拉松賽表明，英國的目的不是在香港建立真正的民主，而只是許諾人民自治，倫敦非常清楚這一承諾在 1997 年以後無法在短時間內兌現，只會導致未來香港特區與中國中央政府的緊張關係。

事實上，自 1984 年以來，英國妄圖通過組建立法機構，達成其多重目標，在傳統上相對不關心政治的香港社會中製造對北京方面的政治反對派，人為地將香港民眾分為 "親中派" 和 "反中派"，從而逐步實現部分人的 "去中國化"，使香港這塊領土與中國脫鈎。事後看來，與中國脫鈎以及主張不同身份，正是 2019—2020 年暴亂分子的非法要求。

自 20 世紀初以來，英美霸權國家就一直在不斷嘗試和檢驗這一專長，包括在其希望幕後控制的社會的內部發起分裂。

英國在 1917 年發表《貝爾福宣言》[1] 也是如此。英國預計其將不可避免地離開受其保護的黎凡特、巴勒斯坦和外約旦的領土，而該宣言便是為今後在巴勒斯坦建立一個猶太復國主義民族國家鋪平道路。

1　這實際上只是外交大臣亞瑟・貝爾福勛爵在 1917 年 11 月 2 日寫給萊昂內爾・沃爾特・羅斯柴爾德的一封信。

1947 年，英國被迫離開印度時，這一做法再次被用來建立巴基斯坦。近來，霸權國在烏克蘭也發起並支持了類似的做法，試圖"去俄羅斯化"；還有支持阿富汗伊斯蘭國（伊斯蘭國呼羅珊）對抗重新掌權的塔利班。

　　作為自稱的非殖民化的擁護者，霸權國實際上是在他國建立政治實體的擁護者，利用這些政治實體對抗那些其並不真正希望歸還其主權的國家的政治實體。這是其在該地區維持立足點的一種精明方式，同時還保留了這兩個實體之間的仲裁者角色：從一個主權國家奪走一個地區，然後在那裏煽動分裂主義並從外部為之提供資金。

　　因此，英國人在離開香港時，蓄意在香港推行一種不穩定的"民主制度"，目的是使香港難以和平地回歸祖國。

　　與此同時，為了在香港創造與西方類似的自由民主條件，港英政府在 1995 年允許（鼓動？）成立一個獨立的新聞集團 ——"壹傳媒"（包括《蘋果日報》）。該傳媒集團從一開始就由美國私人資本提供資金，特別是喬治·索羅斯創辦的組織。索羅斯是一個國際投機者，中國政府對他並不陌生。

　　這家受到西方媒體稱讚的日報，實際上是盎格魯-撒克遜傳統中的一家骯髒小報，將迄今為止在亞洲為人所惡的最下作、最具侵擾性的狗仔隊挖掘私生活的手法引入當地媒體環境。而且，壹傳媒的創始人很快就把他們的"毒藥"引進到中國台灣地區。

　　直到 2021 年 6 月從媒體界消失的最後一幕，在慶祝中國共產黨成立一百週年的前幾天，這家小報一直處於被西方操縱狀態，它試圖讓它的財務危機看起來像是北京方面對香港言論自由和民主的攻擊。而事實上,香港於 2020 年 6 月頒佈的《香港國安法》禁止媒體和政黨從國外獲得非法資金,這揭示了一個事實:沒有外國資金,煽動性的當地媒體和反對派根本無法生存,因此不得不關門大吉。

這家小報不僅沒有特別親民主的內容,[1] 而且經常公開發表煽動性的內容,呼籲西方國家在香港 2019 — 2020 年暴亂[2] 期間制裁香港特區和中國中央政府。而這場暴亂恰是該小報的創始人資助的,他目前在獄中,他的美國助手、美國海軍分析師目前正在中國台灣逃亡。

這家小報不僅沒有像西方媒體所說的那樣在報攤上大賣,在其存續期間,無論是香港版還是台灣版,一直在不斷接受外國資金的支持。

2.3.3 "債務陷阱":"一帶一路"倡議的需要

地緣經濟方面的 "新絲綢之路" 倡議(即 "一帶一路" 倡議)在西方媒體上被描述為中國式 "新霸權主義" 的體現,具體表現為有關國家的 "債務陷阱"。

西方媒體通常採用的雙重標準也適用於這個問題。

20 世紀 80 年代以來,霸權國強加給全世界的貿易自由化和金融化過程被形容為 "快樂的全球化",但當談到中國類似的倡議時,則

1　《〈蘋果日報〉不為人知的故事 —— 欺騙、厭女症與安靜的美國人》,努雷·維塔奇,2021 年 6 月 29 日(上次訪問日期:2022 年 7 月 20 日)。

2　這場暴亂以警察暴力為藉口,而香港治安部隊在面對城市暴力事件時表現出了顯著的克制。媒體從西方政客們那裏獲得了具誤導性的新聞稿,沒有將情況與法國執法部門對 "黃背心" 運動參與者的暴力行為作比較。

形容為 "經濟掠奪"。這種蓄意詆毀只是稻草人的更新版本。稻草人在歷史上曾是種族主義的 "黃禍" 和意識形態的 "紅色威脅",在 19 世紀和 20 世紀被反覆用來限制俄羅斯,遏制日本,現在又拿來對付中國。

鑒於 16 世紀以來中國國內市場的繁榮及其在世界經濟中發揮的重要作用 [1],中國在不知不覺中挫敗了當時正在成形的英美霸權的計劃。

19 世紀連續的兩次鴉片戰爭都是在倫敦和巴黎策劃下發動的,目的是讓阻礙英美法帝國主義蓬勃發展的中國脫軌,並暫時將其從歷史中抹去。而到了 21 世紀,中國的新興繁榮再次對英美霸權構成威脅。

在這個問題上,如同其他問題一樣,對中國的批評是顛倒黑白的指責,回顧一下美國近代史就會發現誹謗者的靈感來源。

"債務陷阱" 這一顛倒黑白的指控讓人想起美國 1947 年為歐洲推出的馬歇爾計劃,該計劃恰恰是一種有息貸款,用於歐洲重建,以換取歐洲市場對美國服務、製成品和文化產品的無限制開放,從而對歐洲工業施加不公平競爭,其中許多歐洲工業消失,被美國 "壓路機" 壓得粉碎。

值得一提的是,歐洲銀行業中間人(特別是法國的讓‧莫內,他

1　在 1840 年第一次鴉片戰爭爆發之前,中國是世界上首屈一指的經濟大國,國民生產總值(GNP)佔到全世界的三分之一到一半,擁有全世界 70% 以上的白銀庫存,而白銀在當時是國際貿易的基準貨幣。

在像羅伯特‧舒曼[1]一樣受美國驅策之前，曾在美國創辦 Monnet & Murnane 銀行，該銀行活躍於歐洲，與蔣介石統治下的中國買辦資產階級四大家族〔蔣、宋、孔、陳〕〔1949 年以前〕關係密切）向馬歇爾計劃提供援助，進而將之轉給美國的歐洲一體化項目的負責人。意大利 Mediobanca 銀行所扮演的角色同樣重要，其資本涵蓋許多戰後法國總統和高級公務員的僱主、法國人安德烈‧米耶（André Meyer）擁有的美國銀行拉扎德以及洛克菲勒家族（Rockefellers）和沃伯格家族（Warburgs）。

因此，西方記者和評論家自然會把"一帶一路"倡議描述為"債務陷阱"，因為這正是布雷頓森林體系（貨幣基金組織、世界銀行及其附屬機構，如世貿組織）所奉行的戰略，這些機構以災難性的社會和金融政策為條件向債務國提供貸款，然後最終將這些國家納入"禿鷲基金"的掌控，落入以低價收購國家資產的同一西方寡頭勢力手中。

"一帶一路"項目一啟動，甚至在對其影響進行評估之前，就受到這一無端指控。毫無疑問，這個英美霸權在 1944 年歐洲遭到摧毀之後才加入衝突，為歐洲遭受重創的經濟推出了馬歇爾計劃，他無法想像在和平時期將援助計劃應用於那些沒有處於絕對困境的國家，畢竟其唯一目的是迫使這些國家完全服從債權國的跨國公司的命令。

事實上，"一帶一路"倡議是中國經濟國際化在新型政治和媒體

1　De Villiers，Philippe，*J'ai tiré sur le fil du mensonge et tout est venu*，Fayard，2019。

方面的外在體現。中國經濟國際化始於 20 世紀 80 年代，2008 年北京奧運會後得以加強。

2008 年金融危機暴露了西方經濟的脆弱性，中國在這場危機中相對損失較小，並制定了旨在增強經濟實力、提升工業基礎的公共政策。

中國政府於 2010 年啟動"中國製造 2025"（MIC2025）計劃，旨在確保從低質量、低附加值商品的製造業經濟向高科技、高附加值經濟轉型。而後一種經濟模式下產生巨大利潤的舒適的貿易利潤率是西方公司無意與亞洲供應商分享的。

2020 年，"中國標準 2035"對 MIC2025 計劃進行了補充，該標準旨在將中國公司從製造商角色（三綫企業）轉變為設計師角色（二綫企業），在一些行業中，中國企業甚至扮演定義行業標準的角色（一綫企業），這一角色傳統上由西方工業集團承擔，目的是向世界各地的公司收取使用這些行業標準的特許權使用費。

2019 年以來 [1]，中國是第二大行業標準特許權使用費支付國、最大的製造中心和最大的專利申請國。中國正考慮合理減少支付相關行業標準的特許權使用費。傳統上，西方國家在這些行業標準上處於壟斷地位，藉此向世界其他國家收取特許權使用費，從不分享。

2016 年以來，西方媒體一直將中國這種從世界工廠向高附加值

---

1 隨著知識產權服務、加入條約和 WIPO（世界知識產權組織）收入的強勁增長，中國在 2019 年成為國際專利申請的頭號提交國，WIPO，日內瓦，2020 年 4 月 7 日（上次訪問日期：2020 年 7 月 20 日）。

商品和服務經濟的高速轉型稱為“中國經濟奇跡的終結”。而現在，西方跨國公司不得不壓縮利潤，適當支付中國工人的工資，並遵守中國的環境和社會標準。可以理解的是，他們正在為這筆意外之財的結束而哀悼，他們原本希望這筆錢能永遠持續下去。

2.3.4 避免中等收入陷阱

當一個經濟體由於工人階級的工資上漲而無法再在出口市場競爭時，中等收入陷阱就會出現，而僱用這種日益昂貴勞動力的公司提高的生產力和利潤並不能抵銷這一點，因此必須從低附加值的第二產業轉變為高附加值的第二產業和第三產業。

韓國和日本在三十年前實現了這種轉變，巴西等一些國家未能實現，此後經濟停滯不前。只有提高勞動生產率（教育、繼續培訓），加強創新，才能實現技術進步，然後反饋到實體經濟中，這種轉變才有可能實現。

2010 年前後，中國一直在從低附加值製造業經濟向高附加值製造業和服務業經濟轉型。這反映在勞動力工資的新增長上，月平均工資從幾百美元上升到幾千美元，讓近四億中國人步入中產階級。

在健康危脅和經濟復甦的幌子下，西方正在竭盡全力阻止中國實現這一質的飛躍，策劃對中國創新至關重要的一系列材料的人為短缺，特別是超低納米半導體（其生產集中在中國台灣地區和韓國），導致中國大陸供應鏈放緩。

這種擾亂全球供應鏈的策略與試圖讓中國和俄羅斯等工業強國永遠處於僅次於霸主地位的企圖相吻合。

出於同樣的目標，關於氣候變化、環境破壞或全球變暖的人為原因的爭論，更像是臨時起意，目的是以"地球無法承受"為藉口，剝奪追趕西方經濟體的國家走上同樣繁榮道路的權利，最重要的是抹殺他們超越霸主的可能性。而習近平領導的中國政府並未完全否認上述問題。

正是在這個前提下，中國政府從"總設計師"鄧小平在1978年提出經濟改革開始，立足於"全面建成小康社會，實現人民共同富裕"的政策，傳承儒家思想，意識到"綠水青山就是金山銀山"，以社會平等和環境保護為目標，不斷重新平衡經濟增長。

中國認識到，如果完全脫離西方，民眾要實現與西方消費者同等水平的消費主義既不可行，也不可取：中國政府在經歷持續了幾十年的追趕西方的階段後，現在正在制定自己的合理增長政策，它與西方模式相反，西方模式重視增長最大化和永續擴張。

在局部氣溫上升與大氣中二氧化碳濃度之間的相互關係沒有任何科學爭論的情況下，中國政府繼續保證環境保護與其工業增長目標相一致，而西方為滿足其工業訂單，已將其污染性工廠遷往中國，到頭來卻指責它沒有足夠快地採取"脫碳"措施。

2.3.5 "新絲綢之路"：公共傳播的失誤？

北京方面將一個具體的名稱（即"一帶一路"倡議，法語中指絲綢之路）描述為進行中的中國經濟國際化進程，這可能在傳播上有問題，即給人的印象是，這是中國政府的一個新的官方計劃，就像其國內執行的五年規劃一樣，但這一計劃是面向全世界的。這就是為什麼有的西方媒體和國家元首從一開始就譴責北京方面倡議的全部內容。

西方媒體利用這種傳播失誤指責中國為掌握霸權別有用心，甚至指責中國企圖向全世界推行中國發展模式。這種指責是虛偽的，因為將中國整合為全球生產鏈的核心，是英美霸權為實現自身利益而構想的系統工程中的一部分。

中國於 2001 年加入世界貿易組織（WTO）是這個項目的開端。北京方面當然希望加入世貿組織，但霸權國甚至比中國自己更希望中國加入。霸權國計劃首先將工業生產遷到中國，使利潤增長十倍，但最重要的是迫使中國走上一條單行道，讓中國從具有中國特色的社會主義市場經濟走向極端自由資本主義。

當時，比爾·克林頓承認，中國加入世貿組織代表著"美國繼續繁榮和中國改革邁出的歷史性步伐……為美國開闢新的貿易渠道，給中國的變革帶來新的希望"。

顯然，布雷頓森林體系及其附屬組織，如世貿組織，是市場經濟在意識形態上征服世界的工具，其目的是為他人利益而改變，為霸權國的永久繁榮服務。

在這裏，我們發現西方寡頭政體所特有的救世主思維。根據這種思維，不受霸權影響的人民的唯一命運就是改革自己，為其主人的繁榮做出貢獻。

比爾·克林頓的前任，喬治·赫伯特·沃克·布什對國際關係有著同樣救世主般的願景，也持同樣的傳教態度，他解釋說，"世界上沒有一個國家能找到從世界各地進口商品和服務的同時，阻止外國思想進入邊境的辦法"。

在習近平主席宣佈"一帶一路"倡議之前,西方寡頭政體通過把工業生產轉移到中國,犧牲工人階級,然後犧牲西方中產階級,讓中國富裕起來,從而實現自己的財富的驚人增長。

此前,中國只是將財富從迷戀中國製造產品的西方中產階級轉移到中國新的中產階級,但新絲綢之路倡議扭轉了這種局面。中國現在正在利用過去三十年裏取得的巨大收益的一部分,投資於計劃與之發展貿易的國家的基礎設施建設。

西方理所當然地擔心,這種創新經濟外交的成果會讓中國佔據上風,因為中國將享有獲得其所投資國家的原材料的特權,而西方國家只利用經濟掠奪或軍事脅迫來獲得准入。

中國正在通過和平貿易、談判和貸款(在和平時期)實現英美霸權自 19 世紀以來通過炮艦、轟炸機,以及在徹底摧毀其帶來自由民主的國家後提供貸款才得以強加的目標。

正如西方媒體和評論家所聲稱的,中國正在超越日益衰落的霸權國,但這一事實絕不會使他成為另一個霸權國家。的確,一個國家要滿足霸權的定義,其權力不僅必須超過其所有競爭者之和(中國的情況遠非如此),而且還必須表達對道德或文明統治的願望,發佈適用於其治下的所有國家的規則,從而達成建立國際秩序的政治意願。

而這顯然不是中國領導人的意圖,無論是他們的講話,還是他們的行動都沒有體現這種意圖。這種制定國際法的特權,以及違反國際法的特權,仍然是英美霸權的專屬特權。但是,其經濟和軍事力量的逐漸喪失將很快使其地位不保，其為全世界制定法律的權利也將變得不合法。屆時，我們將實現真正的多極化，正如俄羅斯和中國所設想的那樣。

2.3.6 是征服歐亞大陸的手段，還是西方海洋力量模式的衰落？

"一帶一路"倡議以陸路和鐵路為主，衝擊了英美統治模式的基礎，這種模式基於海洋霸權的核心作用，已持續了四個多世紀[1]。

從純粹的地理角度來看，英國和美國是"外圍島嶼"，通過控制海洋來建立自己的勢力，以便將國際貿易強加給其他國家，無論是自願還是通過武力，從而成為邊緣地帶[2]的主要參與者，而霸權國的繁榮和安全所依賴的正是這一地區。正如斯皮克曼所說，"誰控制了邊緣地帶，誰控制了歐亞大陸，誰就控制了世界的命運"。

相比之下，另一位地緣戰略家、英國人哈爾福德·麥金德將歐亞大陸的心臟地帶（他稱之為"世界島嶼"）確定為世界重心，在他看來，這一地區比斯皮克曼的邊緣地帶更為重要。

在這兩個對立的地緣政治概念誕生七十年之後，俄羅斯和中國的經濟崛起、從農業經濟向後工業經濟的轉變、技術進步和氣候變化使麥金德爾關於心臟地帶重要性的論點具有一定有效性，解釋了霸權國（另一個"外圍島嶼"澳大利亞也加入其中）對挑起與俄羅斯和中國衝突的興趣日益增長的原因。

---

1 阿爾弗雷德·塞耶·馬漢，《海權對歷史的影響（1660－1783）》，1890 年。

2 美國地緣政治學家尼古拉斯·斯皮克曼的地理概念，將歐亞大陸海上邊界上的國家聚集在一起。

從長遠來看，維持一支海軍來保護商業比修建公路和鐵路要昂貴得多，因此中國有機會規避以較高成本獲得海上軍事力量的需要，從而實現與歐亞大陸的整合。從地理上看，這種整合是自然而然的，但霸權國試圖將中國限制在其沿海地區，將中國限制在南海，這便使得推動"一帶一路"倡議的陸地部分變得非常必要。

中國有能力在世界經濟的頂端中佔據主導地位，而不必藉助對海洋的統治。它正在根據自己的條件，與俄羅斯和伊朗合作，整合歐亞大陸，並最終將使海權霸權國重新回到其最初的地位，成為憑藉足夠資源維持自身生存的島嶼。

這解釋了霸權國最近對委內瑞拉興趣重燃的原因。委內瑞拉擁有世界上最大的已探明的石油儲量，該國最近為捍衛其主權而不得不奮力抵禦國外勢力策動的顏色革命，儘管其得到了俄羅斯和伊朗的支持。

這也表明這個霸權國將回歸到一個島嶼的簡單地位，這個島嶼雖在面積上具有大陸性，但卻與世界經濟中心隔絕。這解釋了西方媒體發起詆毀中國的運動的原因，而西方媒體掌握在一個由軍工、能源和製藥聯合體成員組成的強大集團手中。

1945 年以來，這個霸權國一直在戰鬥，其最大的擔憂是，它無法阻止歐洲、俄羅斯文明（基輔羅斯，包括俄羅斯、烏克蘭和白俄羅斯）、中亞（主要是伊朗）和中國文明的和解與密切合作。這群民族文明將豐富的能源資源、繁榮的製成品和原材料市場以及創新所需的豐富人才集中到一塊土地上。

歐亞大陸的經濟一體化，無論是中國倡議 [1] 的結果，還是俄羅斯倡議 [2]（旨在疊加 [3] 大歐亞夥伴關係）（普京於 2016 年提出）的結果，對這個霸權國來說都是一個生存問題，它不再享有以前的威望或資本，而這些資本被它浪費在中東和中亞曠日持久的戰爭上。這個霸權國瀕臨被淘汰的邊緣，將被迫與地區大國平等競爭，現在只能製造混亂以減緩其衰落。

　　但是，"新絲綢之路" 並不是中國對沿綫新興國家的發展援助項目。與美國國際開發署（USAID）〔美國中情局（CIA）的前沿陣地 [4]〕等美國發展機構幾十年來精心策劃的經濟和戰略掠奪計劃不同，中國倡議的目的是確保中國能夠公平地獲得世界的自然和能源資源，並為中國製造的產品和服務創造出口渠道。

　　在這一地區，霸權國曾派步兵和轟炸機來促進 "民主"，而中國則為基礎設施投資提供貸款，使有關國家和中國實現雙贏。

　　與掠奪性和限制性的西方發展援助的另一個主要區別是，與中國的貿易不以其所投資國家的政府更替為條件，也不以採用與中國兼容的政治制度為條件，更不用說推廣任何意識形態。這與性別、反種族主義或全球變暖的理論不同，而現在無論與西方進行何談判，這些理

1　"一帶一路" 倡議，由習近平主席於 2013 年發起。

2　歐亞經濟聯盟，納扎爾巴耶夫總統（哈薩克斯坦）和普京總統（俄羅斯）於 2014 年發起。

3　習近平出席第六屆東方經濟論壇全會開幕式並致辭，2021 年 9 月 3 日，中華人民共和國外交部（上次訪問日期：2022 年 7 月 20 日）。

4　彼得‧科恩布魯，《秘密計劃傷害外國援助努力》，《紐約時報》，2014 年 12 月 16 日（上次訪問日期：2022 年 7 月 20 日）。

論都形影不離。

2.3.7 "軍事擴張主義"：中國南海

西方記者、評論家和外交官沒有看到指責中國 "軍事擴張" 的矛盾，因為中國唯一的軍事基地（吉布提）位於其所希望保護的海上航綫沿綫，而霸權國在其盟國擁有大約 800 個基地，這些國家別無選擇，只能接受這些駐軍，其中大部分位於俄羅斯和中國的外圍。

當你看媒體的報道時，西方所特有的雙重標準同樣令人擔憂，媒體在沒有任何證據的情況下散佈有關中國在塔吉克斯坦有一個新基地的謠言，卻沒有提到這個國家已經擁有兩個印度空軍基地（法科爾和艾尼）。

在中國南海，過去十五年來，中國一直不斷強調其在與其直接相連的腹地的立場。中國這樣做的誘因是，美國通過向它在該地區的附庸（日本、中國台灣地區、菲律賓）提供大規模海軍軍事支持，在日本的沖繩和名古屋建立海軍基地，在菲律賓建立克拉克空軍基地，鼓動這些國家針對中國立場提出領土主張，在此之前中國從未如此做過，而且中國的這種做法對於這些國家也是全新體驗。

大西洋主義陣營剝奪了中國確保其後院即台灣海峽安全的權利。

在這個問題上，和許多其他問題一樣，有缺陷的西方邏輯正試圖將自己強加於整個世界。中國被指控違反了國際法，因為中國在海上航綫上加強了防務，而這條航綫是它通往世界的唯一出口，卻在各個方向上都被霸權國的附庸國包圍，這些國家可以隨時拒絕中國通過。

與此同時，當這個霸權國迫使在霍爾木茲海峽懸掛利比里亞國旗、駛往委內瑞拉的油輪轉向休斯頓石油碼頭時，它深信自己這樣做的正確性。同樣，當美國海軍在大西洋扣留開往委內瑞拉的伊朗船隻時，沒有任何西方媒體或政要譴責這一海盜行為[1]。

這個霸權國採取孤立主義態度，逐步解除中國的武裝，並且經常在國際海域登船檢查，違反國際法，卻以航行自由以及保護日本和韓國的能源供應為藉口，譴責中國在南海保護其商船隊的努力。

航行自由是一個虛假藉口，旨在為美國干涉該地區辯護，掩蓋了中國是這一事件的主要當事方的事實，因為中國幾乎所有的國際貿易都經過中國南海。

中國最關心的是保護南海的航行自由。因此，北京方面尤其關注美國海軍在該地區的不斷出現。

研究[2]表明，將集裝箱船和油輪駛出中國南海，穿過龍目海峽（比馬六甲海峽更寬、更深）到菲律賓和日本以東，對有關經濟體而言，成本增加極少。美國的一項模擬分析甚至估計，馬六甲海峽關閉一週所導致的成本增加僅相當於經中國南海運輸的貨物的週平均價值的 0.08% 至 0.10%。

將海上交通改道龍目海峽，然後轉向菲律賓以東，將立即解決霸權國所援引的中國對中國南海航運的所謂威脅。

---

1 《美國出售被扣押的伊朗燃油貨物》，阿格斯傳媒，2020 年 10 月 29 日（上次查閱日期：2022 年 7 月 20 日）。

2 《有多少貿易通過中國南海》，中國國力計劃，戰略與國際研究中心，2017 年 8 月 2 日，2021 年 1 月 25 日更新（上次訪問日期：2022 年 7 月 20 日）。

然而，很明顯，解決這場虛假的衝突對美國（僅佔中國南海貿易的 3%，或者與日本或中國台灣地區一樣多）來說是不可取的，因為這將消除美國繼續干涉中國南海的任何藉口。

　　相比之下，80% 通過南海的集裝箱船開往中國，80% 的石油進口通過馬六甲海峽。中國比其他任何國家都更擔心這片海域的航行自由和安全，顯然它無意將這種自由和安全下放給霸權國及其地區附庸國。

　　中國對這一地區的海上安全的關注不亞於日本。如果與日本協商，共同努力，確保商業航綫安全，便絕不需要美國海軍的存在，更遑論澳大利亞或法國海軍了。

　　但是，這是法國參加 2021 年 5 月在中國南海進行的 ARC21 聯合軍事演習的藉口，該演習的使命是"奪回一個島嶼的所有權"。對於一項聲稱保護航行自由的軍事行動來說，這是個奇怪的目標，但在地面上卻轉化為使用兩棲手段奪回島嶼的演習，讓人聯想到在中國台灣或中國南沙群島等地區登陸的情景。

2.3.8 中國台灣：霸權國的棄子

> 做美國的敵人是危險的，而做美國的盟友則是致命的。
>
> ——亨利·基辛格

　　在中國看來，沒有理由同外國討論所謂"台灣問題"。北京方面堅信，20 世紀的國際條約明確解決了台灣歸屬於中國的問題：1943 年 11 月，英國、美國和中國（當時以蔣介石為代表）在開羅會議上同意歸還日本從中國奪取的領土（包括台灣），這一條款在 1945 年 7 月的波茨坦會議（蘇聯加入，但沒有邀請蔣介石）上得到確認。

中國政府和人民從未懷疑台灣的歷史文化歸屬，中國官方在這一問題上的一貫立場就是明證。

此外，對於北京方面來說，放棄台灣島的戰略地位是不可想像的。台灣島自 1949 年以來受到美國的影響，是一個潛在的鎖，可能阻止中國海軍離開中國海前往太平洋。

直到第二次世界大戰結束後，美國才開始在台灣問題上故意保持外交和戰略模糊性。

1951 年美日簽署《舊金山和約》（由約翰·福斯特·杜勒斯起草）時，既沒有邀請蔣介石政權參加，也沒有邀請中華人民共和國政府參加，且這個和約未具體說明台灣島歸還給誰。該條約只規定日本放棄對該島的主權，而日本佔領的所有其他領土正式歸還給日本入侵前對其行使權力的國家（香港地區和新加坡歸還給英國，東帝汶歸還給葡萄牙等），包括在此期間改變政權的國家（法屬印度支那歸還給法國）。為什麼台灣不是這樣？

1972 年理查德·尼克松與周恩來會晤，特別就"一個中國"原則進行了討論，之後中美簽署《上海公報》，此時這種幾十年來一直被設計成北京方面鞋子裏的一塊鵝卵石的外交模糊性愈發明顯。美國代表團的官方公報提到，"台灣海峽兩岸的中國人都認為只有一個中國，台灣是中國的一部分"，重申"對由中國人自己和平解決台灣問題的關心"，確認最終目標是"從台灣撤出全部美國武裝力量和軍事設施"。

參加上海會議的亨利·基辛格利用他含糊且矛盾的秘密公式，在簽署《上海公報》時聲明美國沒有明確提及中華人民共和國代表整個中國，因此在台灣問題上保持了"建設性模棱兩可"的態度。當台灣政權於 1971 年離開聯合國，恢復中華人民共和國在聯合國的一切權利時，以及當吉米·卡特於 1979 年對中華人民共和國的外交承認，"傷害"了台灣時，這種模糊性仍然存在。台灣地區由此獲得了一項安慰協議 ——《與台灣關係法》，涵蓋美國與該島在文化、商業和軍事方面的關係。

這種外交上的含糊不清，意味著霸權國從未就台灣島的主權主張表達明確的立場。更有甚者，這種法律上的模糊性賦予霸權國及其附庸的國際關係以原始武器，即對第三方國家的承認。1955 年，約翰·福斯特·杜勒斯透露了其起草的《舊金山和約》的意圖："我們從日本手中接管了台灣，美國在台灣也有利益……，因此，在問題以某種方式解決之前，美國也可以對台灣提出法律主張。因此，我們不能接受解決台灣問題僅僅是中國的內部問題"[1]。

中國大陸與台灣和平統一（如可能）仍是北京方面的長期目標，具有歷史、主權和戰略意義。

據說，習近平主席在內部會議上提到，中國的統一不能交給子孫後代。事實上，考慮到霸權國的衰落以及中國在經濟、外交和軍事領

---

1 《美國對外關係（1955—1957）》，中國卷，第二卷，談話備忘錄，國務院，華盛頓，1955年 7 月 1 日下午 2：27（上次查閱日期：2022 年 7 月 20 日）。

域日益增長的實力，時機是理想的。習近平在 2021 年 9 月致國民黨新任主席的賀信中表示，台灣局勢 "複雜嚴峻"，但目標仍然是 "海峽兩岸和平統一" 及 "中華民族偉大復興"。

國民黨主席朱立倫忠於國民黨 1949 年以來的政治路綫，他在回信中表示，台灣海峽兩岸的人民都是 "炎黃子孫"，換言之，就是不互相殺戮的同胞。在國民黨贏得 2024 年台灣地區選舉可能性不大的情況下，他有意在台灣地區 "領導人" 選舉前修復與中國大陸的關係。

海峽兩岸的這些和平主義聲明與美國政府的好戰聲明形成鮮明對比，美國政府一貫慷他人之慨。美國政府越來越頻繁地重申，如果中國發動 "軍事侵略"，它會向台灣地區提供援助 —— 儘管這不在真正的議程上，從而助長了台灣海峽兩岸的緊張氣氛。

看來，如果把中國大陸和台灣地區 "政府" 之間的關係留給兩個主角，而不受第三方的干涉，那麼爭端就可以和平解決，在恢復對話的基礎上，先保持溝通，而不是現在的沉默，這種沉默首先對台灣地區極為不利。

為破壞七十年來中國大陸與台灣地區的關係，美國充分利用三角衝突技術，將骯髒的工作委派給最卑躬屈膝的副手歐盟小弟。

歐洲議會是一個除了空談沒有其他權力的議會，其主要職能是把二流國家政客召回布魯塞爾。它為原先受蘇聯監護的國家的主要反共議員提供了一個有聲望的公共平台，讓他們可以在大西洋主義遊說集團的控制下定期對俄羅斯和中國進行尖銳、系統的批評。而台灣問題自然是以任何藉口攻擊中國的首選目標。

這個霸權國及其布魯塞爾隨從一邊宣佈對保持"一個中國"的承諾，一邊向中國南海派遣軍艦，向台灣派遣"官方"代表團，並更改其在台灣的商業和半官方代表處的名稱。所有這些象徵性措施都是為了考驗中國外交的耐心。

一些歐盟成員國，特別是那些與中國有微不足道的政治和貿易關係的國家（如立陶宛、捷克），正試圖鼓動台灣現任"執政當局"挑戰與中國的現狀。他們明目張膽地想要取悅他們的主人，在美國自身不允許與北京方面發生衝突的情況下，企圖不斷挑釁中國。

正如香港自 1997 回歸中國以來的情況一樣，中國大陸與台灣地區之間非常務實的現狀正在挫敗霸權國在該地區的野心，特別是北京方面正謹慎而耐心地推進其統一大業。因此，這個霸權國派出歐盟和一些訓練程度較低的成員國去挑釁北京方面，試圖改變其路綫，卻並不知道這些路綫會朝哪個方向發展。

儘管在當前形勢下，維持兩岸交流和尊重九二共識 [1] 仍然是雙方最可能、最有利的選擇，但霸權國對台灣地區卻有更險惡的計劃。華盛頓正利用台灣地區現任"執政當局"政府來挑起與中國的摩擦。西方媒體總是在嘩眾取寵，輕易將台灣描述為"世界上最危險的地方" [2]。

為了給這一預言提供實質內容，美軍以不可思議的精確度預測中

---

1 "大陸和台灣同屬一個中國"。

2 《地球上最危險的地方》，《經濟學人》，2021 年 5 月 1 日（上次訪問日期：2022 年 7 月 20 日）。

國大陸將於 2027 年對台灣地區發動軍事攻擊，但未具體說明什麼樣的挑釁可能激發這種攻擊，也未說明中國為何選擇 2027 年。

就目前情況而言，包括軍事途徑（公海上的小衝突、封鎖、轟炸等）在內的任何事態發展對中國大陸和台灣地區來說都將比現狀更糟糕。霸權國意識到了這一點，於是試圖挑起中國大陸和台灣軍隊之間的軍事對抗，同時對自己是否加入衝突保持戰略模糊性。

在帝國主義挑釁的情況下，儘管北京方面沒有排除選擇軍事解決途徑，並已通過在台灣附近增加空軍飛機和海軍艦艇的出動次數來明確這一點，[1] 但自 1949 年以來，它始終傾向於政治途徑。

然而，中國大陸與台灣地區的關係已經停滯了五年多，其中根由是霸權國家的干涉日益加強，帝國主義代理人頻頻造訪台灣便是明證。除了美軍小心翼翼地重返台北之外，美國高級別政治家和民選代表，退休的澳大利亞部長，捷克、立陶宛和法國民選代表多次訪問台北，目的是促使北京方面作出堅定反應。這是西方媒體樂意看到的，因為他們系統地將中國在外交上的反應諷刺為某種"法西斯主義"（即使不是絕對的"納粹主義"[2]）的表現。

這些反覆出現的挑釁行為將台灣地區置於一個危險的境地：與北

1 　與媒體報道相反，中國空軍從未進入台灣地區上空，它只是飛越了防空識別區的南部界限。防空識別區是台灣地區單方劃定的區域，要求所有飛機在該區域內表明身份，但台灣無法合法阻止中國大陸的空軍進入。

2 　在 2019 年至 2020 年的香港暴亂中，西方媒體和香港媒體創造並使用了"紅色納粹"這一惡劣至極的詞，引發了暴亂分子之間的創造性競賽，他們開始揮舞著印有由中國國旗的黃色五角星組成的納粹黨徽的反動旗幟。

京方面的對話暫時中斷，而霸權國與台灣政權忽冷忽熱，拜登總統前一天向台灣保證提供軍事支持，但第二天卻遭到其政府的反駁。四十年來，美國政府在這一問題上始終保持戰略模糊性。美國重複"在中國發動攻擊時"可能支持台灣的做法無異於火上澆油，純粹是為了蓄意維持台灣海峽兩岸的緊張局勢。

霸權國干涉中國大陸與台灣地區關係的另一個動機，自然是向台灣出售其聲稱的防禦性武器，這種貿易顯然有利可圖。在這場台灣提前輸掉的對大陸的軍備競賽中，法國也不甘示弱，這完全違背了法國與中國的長遠利益。

與 1995 年以來香港的情況一樣，進入 21 世紀以來，由於台灣本土認同的發展，台灣的去中國化進程持續推進，這種認同完全是由台灣反對中國認同來界定的。

這些外國主導的行為企圖破壞和平現狀，企圖將台灣社會不可否認的特殊性偽裝成與中國大陸"不可調和的身份認同"，以遠離和平統一的前景，鼓動台灣正式宣佈獨立，而這會激起中國人的愛國反應，從而要求啟動軍事解決途徑。

霸權國正朝著這個方向前進，並準備犧牲台灣這個"棋子"，不過它無意在台灣海灘上犧牲自己的士兵，這是越來越多的台灣人開始擔心的事情。

事實上，隨著澳英美聯盟（AUKUS，即澳大利亞、英國和美國）的成立，霸權國正在採取具體措施，通過代理人進行武裝對抗。成立 AUKUS 聯盟就是為了按華盛頓的授意將與中國的軍事衝突交給澳大利亞這個附庸國（英國提供裝備，美國則提供資金），狡猾地引入未來的核潛艇，將核武器選項這柄利劍更近地懸於台灣問題之上，這是朝著在澳大利亞擴散核武器邁出的第一步。與法國反應堆（LEU）不同，美國和英國海軍的核反應堆使用高濃縮鈾（HEU），可重複用於製造原子武器。[1]

這一遲來的軍事聯盟是針對中國的公開敵對行動，白宮印太事務協調員證實了這一點。他說，AUKUS 聯盟的成立歸功於 "中國某些行動和政策造成的焦慮"，以及美國反對這些行動和政策的決心。[2]

在中國大陸與台灣地區有望於不久之後實現經濟和文化的自然和解之際，AUKUS 聯盟的成立使和平解決長達七十五年的分離又偏離了一步。

北京方面傾向於中間路綫，但不排除戰爭選項，這在短期內意味著不拘泥於統一的最終目標，但對於這一目標仍然心嚮往之。北京方面的當務之急是，重啟與民族主義反對派和台灣商業資產階級（其利益大部分位於中國大陸）的對話，以使他們採取更強有力的立場，反對在台灣社會中傳播基於身份認同、旨在分裂的 "去中國化" 式的分化浪潮，因為這種分化可能帶來與 2019—2020 年的香港一樣的麻煩，給所有當事方造成更嚴重的後果。

---

1 《美國如何利用 AUKUS 加強核不擴散》，卡內基國際和平基金會，2021 年 12 月 16 日（上次訪問日期：2022 年 7 月 20 日）。

2 《對話：庫爾特・坎貝爾，白宮印太事務協調員》，洛伊研究所，悉尼，2021 年 12 月 1 日（上次訪問日期：2022 年 7 月 20 日）。

2.3.9 "印太海域"，為新殖民野心服務的地理重劃

21 世紀首個十年將結束之時，[1] 在霸權國及其附庸國的地緣政治話語中，出現了一個新的地理區域 ——"印太海域"，就像一座從海浪中升起的火山島一樣。值得注意的是，2018 年 5 月 30 日，美國才將位於夏威夷的太平洋司令部更名為印度太平洋司令部。

這種對地理毗連的戰略性利用在國際關係史上並不是新鮮事，但在這裏，它被擴展到如此廣闊而多樣的領域，以致於喪失了所有的意義。

這種地理概念的創造是霸權國強加的，並非是由文化上兼容的、利益趨同的鄰國所實施的地方性項目的結果。這是一次粗暴的嘗試，試圖創造一個無中生有的地區，在地理上包圍中國的同時，表現出的是讓所有鄰國聯合起來對抗中國的野心。

一個項目只有真正具有 "地方性"，在新的地理區域內建立國家聯盟，而且聯盟的目標是將鄰國變成盟友而不是敵人，這樣做才有意義，而這裏的情況並非如此。因此，這一地區不可能像比它早一個世紀的類似嘗試那樣成為現實。

實際上，早在 20 世紀 20 年代，德國地緣政治學家阿道夫·希特勒與密切合作者魯道夫·赫斯 [2] 和卡爾·豪斯霍費爾在希特勒掌權之前，就曾提到過印度-太平洋地區。豪斯霍費爾發明了 "生存空間"

1　2007 年，時任日本首相安倍晉三在印度議會發表題為 "兩洋交匯" 的演講，首次公開提及 "印太海域" 一詞。

2　《納粹德國名人錄》，Wiederfield 和 Nicolsa，倫敦，1982 年。

（希特勒在其自傳《我的奮鬥》中推行的生產空間）和"印太地區"[1]。

豪斯霍費爾構想的"印太地區"旨在聯合中國、印度和東南亞的當地大國，對抗法國、英國以及美國當時在亞洲的殖民勢力。[2] 德國的目的是"在英國、美國和法國在亞洲的殖民地發起非殖民化運動，破壞戰爭期間與德國競爭的國家的經濟"[3]。

1908 年，豪斯霍費爾是駐日本的一名武官，當時是德國駐東京的常駐使節，也是兩戰之間德日和解的幕後推手。[4] 他是日本泛亞殖民主義意識形態[5]的創始人，該意識形態為 1931 年以來日本侵略和野蠻佔領中國辯護。

有趣的是，在 2018 年，為了永久掌控這個世界上人口最多、最具活力的地區，霸權國盜用了納粹德國的發明，並顛覆其意義，使之為其目前的地緣戰略目標服務。這個擁有遙遠的太平洋海岸綫的霸權國創造性使用了"印太"一詞，以對抗亞太地區完全合法的國家，維持和加強其對邊緣地帶亞洲地區的新殖民統治，而納粹德國則是從這

1　卡爾·豪斯霍費爾，《太平洋海的地緣政治》，Kurt Vowinckel Verlag，海德堡，1924 年；《印度太平洋空間内的德國文化政治》，德國漢堡，1939 年。

2　1898 年美國吞併菲律賓之後。

3　李漢松，《"印太"概念：全球語境中的思想溯源和國際接收》，劍橋大學出版社，2021 年 4 月 16 日。

4　克里斯蒂安·W. 施邦、卡爾·豪斯霍費爾，《重新審視 —— 地緣政治是戰後日德和睦的一項因素？》；C. W. Spang，R. — H. Wippich，《日德關係，1895 — 1945》、《戰爭、外交與公共輿論》，倫敦 / 紐約：羅德里奇出版社，2006 年，第 139 — 157 頁。

5　豪斯霍費爾返回德國後的博士論文：《對大日本國防力量及其世界排名和未來的考察》，以及他於 1913 年出版的第一本書《大日本》。

些地區的非殖民化角度設想，以此對抗英美霸權國及其附庸國。

粗暴地使用"印太"，將太平洋和印度洋混為一談，實際上是擴大帝國主義生存空間的一種手段。

如果將已經被軍事佔領北大西洋七十年之久的北約地區與新成立的印度-太平洋地區加在一起，我們可以看到這兩個實體正逐步合併。2022年，北約更名為北大西洋印太公約組織（NAIPTO），並將其總部從比利時遷至中東盟國，這將更符合世界主義的世界地圖和真正的新保守主義的深層政府計劃。自弗朗索瓦·密特朗執政以來，一些深陷大法國泥潭的"聰明人"一直在全力呼籲實施這一計劃。

"亞洲"一詞是一個以歐洲為中心的概念，其學術和文學維度可追溯到16世紀，地理維度可追溯至18世紀。與此類似，"印太"一詞被媒體和西方政客們反覆強調了幾年，沒有任何外交家、記者或社會科學家質疑這一說法的突然出現，因為無論歷史或政治現實，還是經濟、種族、文化或語言的同質性，它都毫無根基。

它存在的唯一理由是製造一個從東北亞經東南亞延伸到印度洋的地緣政治幻象，藉助帝國主義保護傘，為對抗中國的經濟和軍事力量提供替代方案。

五角大樓的地域劃分倡議的目的是給霸權主義的各個參與者（美國、英國、澳大利亞、日本、法國等）提供一個藉口，為其在中國南海周圍加強及延續海軍軍事部署辯護，它們認為如果中國完全控制中國南海，他們及其亞洲盟友進入印度洋的通道將受到干擾。

我們剛才概括說明了西方集體對中國多次顛倒黑白的指控，這引發了一個問題，即中國的回應，中國是地緣政治棋盤上的一個新棋手。通過西方把中國外交諷刺為"戰狼"，我們可以看出西方對中國直截了當的反應的預期，這與其官方的中國"征服論"和"復仇論"相一致，並為其進入下一階段辯護：一個被西方大眾媒體無理嘲笑的中國，受到經濟和政治制裁的懲罰，被捲入 2001 年南海事件等軍事衝突，最終違背自己的意願被強行帶入等待已久的英美軍火販子所推動的軍事衝突。

中國已意識到為其設置的陷阱，因而不太可能做出這種反應。鑒於中國最近的外交進展，它很可能會繼續在中國戰略文化的兩股勢力之間搖擺，一股以理想化的國家間關係願景（可稱為儒家思想）為依據，另一股則以中國傳統上基於防禦而非進攻的現實政治為基礎。我們將看到，中國戰略文化的這兩個方面相輔相成，第一個在傳統上服務於第二個方面。

第三章

中庸之道 *

* 本章部分內容僅代表作者個人觀點，可能不符
合中國的實際情況，請讀者注意分析與鑒別，以
批判性精神閱讀理解。

兩個具有不同文化的國家處於同一地緣戰略背景下，將發展出兩種不同的戰略文化。

西方評論家的認知偏見，或者更有可能是他們操縱公眾輿論的慾望，在於宣揚這樣一種觀點，即處於經濟優勢地位且即將超過霸權國的中國，將擁有與 16 世紀以來霸權國一樣的統治世界的慾望，這種統治慾必然會以同樣的方式表達。

這兩個錯誤假設是霸權國與中國之間緊張關係的根源。

與西方媒體和評論家的不懷好意的預言相反，中國沒有在任何領域統治世界的計劃，因為這樣的野心會使中國走向極端，將中國置於不穩定的戰略地位。

但是，中國政治思想以及現今中國知識分子在討論中不斷引用了儒家思想的一個核心概念，即中庸之道[1]。《孔子》的譯者埃茲拉・龐德將其稱為"不動搖的樞紐"。[2]

從孫中山到蔣介石，以及他們之後的毛澤東等中國共產黨領導人，都繼承了中國古代的儒家思想，將之作為社會和諧和國家穩定的保障。

> 中庸之道：不變的中間之路或中間學說，孔子的後裔和弟子在"四書"之首《中庸》中創立的儒家學說。"堅持走一條與極端同樣遙遠的直線，即必須不斷追隨的真理之路。"這個學

1　中庸之道，黃金分割點，適中之道。
2　埃茲拉・龐德，《中庸》和《大學》，Pharos, Norfolk, CT, 1947 年。

說體現了中國人對生命意義的看法，建議遵循一種符合自然的態度：尋求平衡，儘量減少過度，確保每個決定都是行動與熱情之間的最佳選擇。這個不變的樞紐可視作相當於亞里士多德的黃金分割點。

3.1 在不實施擴張主義的前提下恢復作為地區強國的歷史地位

這種對中庸之道的不懈追求是中國領導人厭惡極端立場和傲慢野心的根源，且這種極端立場和野心無視社會及國際關係必需的耐心和謹慎。

不同於西方媒體經常對他們的指責，追求世界領導地位本身並不是歷屆中國政府的目標，無論是在帝國主義時期還是社會主義時代。成為世界領先的經濟體或軍事大國不是，也從來不是中國的目標，即使中國過去已經實現了這一目標。

1949 年以來，中國的唯一雄心是趕上西方經濟體，有能力應對侵略，成為鄰國尊敬的地區強國。最近，中國與俄羅斯夥伴以及南方其他大國有一個共同目標，即改變專為霸權主義謀取利益的壟斷性國際體系，為之帶來多樣性，實現真正的多極化。

如果中國在未來幾年內達到世界領先大國的地位，這要歸功於審慎和雄心勃勃的治理，也歸功於霸權國自己造成的衰落。北京方面將能夠履行這一角色，並將努力擔負起這一新地位 [1] 帶來的相應責

---

1 習近平，《共擔時代責任，共促全球發展》，在世界經濟論壇上的講話，達沃斯，2021 年 5 月 24 日（上次訪問日期：2022 年 7 月 20 日）。

任，特別是在國際機構中。

中國政府對"中庸之道"的追求包括，一方面，不受約束地參與霸權國試圖強加給中國的全球化，另一方面，在一些中國知識分子為回應日益激進的西方滲透主義而希望採取的內向型政策之間找到一種折中的辦法。

中國政府自然選擇了中間立場：有選擇地向世界開放，促進多極化，使中國的發展機會多樣化。而霸權國及其附庸國正試圖公開破壞這一點，早在 2001 年，時任美國國防部長唐納德·亨利·拉姆斯菲爾德在給布什總統的一份外交政策報告中建議將中國列為"美國的新頭號敵人"[1]。

西方新保守派的好戰宣言必須在建立一個由他們控制的世界新秩序的背景下加以理解。只要中國仍然是一個主權民族主義國家，這種新秩序就不可能出現。過去二十年來，北京方面一直傾向於強化這一點。

2017 年中國共產黨第十九次全國代表大會召開，西方深層政府意識到，它非但沒有成功地改造中國，將中國轉變成全球主義計劃中的一環，反而促成了一個獨特的超級大國的復興，並且這個超級大國不接受完全進入全球主義大熔爐。

正是在這種限制、敵對的環境下，中國不得不尋找發展道路，才能向世界開放，恢復其大國之地位。然而，某種內向型態度是中國

---

1 《美國需要將中國當作其頭號敵人》，《衛報》，2001 年 3 月 24 日（上次訪問日期：2022 年 7 月 20 日）。

的自然傾向，正如其沒有殖民擴張的歷史所證明的那樣，1949年以來，中國一直渴望實現的僅僅是"小康社會"[1]的目標。

正是中國這種自然的閉關政策以及極少且選擇性參與世界貿易的做法在1840年引起了英國的憤怒，促使它以炮艦強迫當時的清朝全面加入國際貿易，標誌著中國長達一個世紀的屈辱的開始。

為了保護自己免受即將到來的英美新型軍事侵略，除了外交之外，中國只有一個選擇：組織自己的防禦，做好戰爭準備。

中國儒家倡導和平外交和防禦性方案的戰略文化，這種戰備是中國戰略文化的務實軸心，是一種現實政治，但不排除在情況需要時使用軍事解決方案，正如中國過去在與鄰國發生衝突時所表現出的那樣：抗美援朝，以及對印和對越南反擊戰。

3.2 中國現實政治：建立一個基於完整主權的多極世界

中國治理的實用主義沒有教條主義。西方儘管遭遇了許多挫折，卻不屈不撓地宣稱自由民主的優越性和普遍性，而中國治理則從本土意識形態（孟子、毛澤東主義、新儒家思想）和外來意識形態（馬克思列寧主義、資本主義）汲取靈感，但只保留了它們的功能性方面，即那些可以產生實際效果的意識形態，最重要的是，也符合中華文明的實際情況。這是原始狀態的現實政治，主權是唯一的衡量標準。

這種現實政治在中國政府應對霸權國於中國南海的挑釁行為時便

1　習近平主席在慶祝中國共產黨成立100週年的講話中重申了這一目標，其前任主席們也是如此。

發揮了作用，當時霸權國試圖通過其附庸（韓國、日本、中國台灣和菲律賓）封鎖該海域。這些附庸可以隨時破壞中國商船和海軍艦艇的航行，阻止其駛向太平洋。

由於東海岸可能被封鎖，中國更願意在西海岸開發陸基替代方案，而不是參與霸權國所希望的中國南海衝突升級。同樣，與其一成不變地不接受英美對亞洲的控制，中國更願意在國際論壇上與俄羅斯協商，倡導在該地區建立一個新的多極體系。

對中國來說，這是一種文明的選擇：本質上反全球化和反霸權主義。北京方面提倡民族主義和國際主義並存的解決方案，堅持尊重主權和國際法的多邊威斯特伐利亞模式，拒絕服從 19 世紀以來盎格魯-撒克遜帝國統治所依據的最強大的法律。

霸權國由於主導地位受到挑戰，不得不與其他強國談判，其中最重要的是中國和俄羅斯。這兩個國家在普里馬科夫理論的啟發下結成歐亞聯盟，可能在 21 世紀使霸權國降級為地區大國。

普里馬科夫理論：葉夫根尼·馬克西莫維奇·普里馬科夫，俄羅斯聯邦前總理，"俄羅斯的基辛格"。作為多極化的倡導者，他於 1999 年提出了一個戰略大三角理論，將俄羅斯、中國和印度聯合在一起，以抵制英美霸權國的影響，特別是在中亞地區。從這個意義上說，他的這一理論是在中國、俄羅斯及中亞國家之間建立合作空間的靈感來源，而該合作空間也正是普京政府 21 世紀初以來一直在推動建立的體系。

中國和俄羅斯已經認識到一個現實，即 1992[1] 年以美國所構想的歐洲主義名義放棄主權的歐洲國家尚未被同化：建議一個多極世界是建立歐亞實體的正當理由，但除非組成這個實體的國家是真正的主權國家，否則就沒有成功的機會。

3.3 貨幣主權，國家主權的基石

作為國際金融體系的後來者，人們可能認為，為了保證中國能夠獲得其發展所必需的資本，中國別無選擇，只能接受西方為自身利益而創建的國際金融體系，並因此接受中國的大公司繼續在紐約而不是上海或香港融資。

但是，2021 年 4 月，中國修訂了一項法律，對投資基金的外資持股比例設定了上限，這似乎是對西方金融機構緊迫要求的讓步。這項法律的修訂使貝萊德（世界領先的資產管理公司，進入中國十五年）在上海推出了第一隻 100% 外商獨資共同基金[2]。另外五家西方資產管理公司正在獲取設立類似基金的許可證。

中國金融市場的開放是一項巨大的變革，使中國能夠吸引外國資金，從而迫使中國高科技巨頭和其他本土領先的尖端產業從更便於監管的上海市場籌集發展所需的資金，而不是像過去那樣，從美國股市

1　1992 年的《馬斯特里赫特條約》被販賣給歐洲人民，以建立強大的歐洲，與美國和日本競爭。

2　《貝萊德用共同基金測試中國零售業的"胃口"》，路透社，2020 年 8 月 30 日（上次訪問日期：2022 年 7 月 20 日）。

籌集。這項主權金融措施與已高度發展的香港證券市場和新興的中國證券市場相輔相成，後者是為中國的創新型中小企業量身打造。

北京方面採取的每一項措施都是為了使中國經濟更緊密地融入全球經濟，同時保護其金融主權。

同樣，霸權國反覆威脅對俄羅斯和中國實施金融制裁，促使北京方面（與之前的莫斯科一樣）制定 SWIFT 和 CHIPS 國際匯款系統的替代方案。在短時間內，中國發展了兩個本土系統：2015 年在上海成立的 CIPS（人民幣跨境銀行間支付系統，相當於 SWIFT），以及 DCEP（數字貨幣電子支付-數字人民幣）。

中國是世界上第一個創建主權電子貨幣的國家。與西方動盪不安的私人計劃不同，DCEP 由國家貨幣機構控制。

與西方加密貨幣不同，DCEP 沒有在私人交易所上市。它的作用是增加人民幣的流通，使人民幣成為與美元相當的國際貿易貨幣，在亞洲範圍內取代美元，而美元在過去四十年一直是亞洲貨幣波動的原因。"DCEP 是第三代加密貨幣。它基於央行支持的雙區塊鏈應用程序。區塊鏈的頂層採用去中心化技術，底層則以主權、國家和貨幣當局為中心。"[1]

使用 DCEP 不需要銀行賬戶鏈接，只需要一部手機（甚至不需要連接到網絡來執行交易，只需要 NFC 接口）。這種易用性使其成為"一帶一路"倡議沿綫的潛在交易貨幣，特別是在有很大一部分人

---

1 《DCEP 預計將為正版數字貨幣建立新的全球標準》，《環球時報》，2019 年 10 月 31 日（上次訪問日期：2022 年 7 月 20 日）。

沒有銀行賬戶的發展中國家 [1]。

DCEP 只是為了成為另一種貨幣工具，而不是一種壟斷性支付手段。另一方面，它對美元至高無上的地位構成明顯威脅，尤其是如果有一天大量購買和開採黃金的中國決定用黃金支持人民幣的話。

事實上，通過 2018 年 3 月成立的上海國際能源交易中心 [2]，一個以人民幣報價的石油期貨市場，賣家 [3] 可以用黃金而不是人民幣支付，北京方面正逐漸將黃金重新置於國際交易的中間位置，這是 1971 年美元黃金可兌換性結束和石油美元出現以來的首次。

早在幾年前，即 2016 年，北京方面就開啟了這一進程的第一階段，在上海和香港建立了以人民幣計價的黃金市場。

3.4 滬深港金融中心：從區域重量級金融中心到全球金融中心

第一次世界大戰結束時的工業革命期間，壟斷資本在耗盡了歐洲的資源之後，離開歐洲城市前往紐約，從那裏開始了整個 20 世紀對世界的控制，然後於 21 世紀初開始向亞洲遷移。

超自由資本主義正在吞噬美國，美國的經濟現在完全建立在投機性金融的基礎上，其工業基礎在過去三十年中在亞洲被掏空，加速了中產階級的消失。在霸權統治下，歐盟成員國也經歷了同樣的中產階

1　據世界銀行統計，全世界有 17 億人。

2　《中國看到以黃金為支撐的石油基準的世界新秩序》，《日經亞洲》，2017 年 9 月 1 日（上次訪問日期：2022 年 7 月 20 日）。

3　包括俄羅斯、伊朗和委內瑞拉，這些國家在國際市場上均受到美國制裁。

級貧困化過程。

中產階級的消失意味著資產管理公司可以管理的儲蓄減少。然而，在三十年的時間裏，哪個國家創造了未來四億養老金領取者的中產階級？因此，西方資產管理公司和養老基金迫切需要前往中國取經。

20 世紀 90 年代初，在 1987 年 10 月股市崩盤後不久，無國籍資本開始從紐約遷移到香港，隨後又遷移到上海，其影響在香港是紐約的兩倍（道瓊斯指數下跌 23%，而香港股市指數暴跌 45%）。

這種資本遷移過程隨著無國籍資本持有者的貪婪所引發的每一次連續金融危機而加速，就像霸權生存所必需的許多突變一樣：1997年亞洲金融危機、2008 年美國次貸危機以及 2020 年觸發的 "大重啟"，即三次全球性危機。中國在這三次危機中相對毫髮無損，甚至由於捍衛其主權而實力得到加強，因為它把主權置於所有其他考慮之上。正是中國體系對疏忽引發或霸權國精心策劃的金融危機的這種復原力、反脆弱性，向北京方面證實了中國不再需要從西方學習任何東西，而是可以通過與其他參與者合作來延續其發展軌跡。這種在2008 年金融危機期間獲得的日益增長的獨立性，使中國和之前的日本一樣，位列這個霸權國的頭號敵人。

撇開媒體上有關中國陰謀主宰世界的恐慌故事不談，細心的觀察者會注意到，北京方面正忙於保護中國免遭西方過去三十年失誤的潛在破壞性後果的影響，尤其是在貨幣政策方面。為避免因多年的量化寬鬆政策（印鈔的委婉說法）導致通脹激增，中國在過去二十年裏一直在塑造一種亞洲式的貨幣體系。在這個體系中，各國以本國貨幣進行交易，而不是使用美元。包括美聯儲在內，沒有人知道美元的實際價值。

由於中國是亞洲鄰國的主要貿易夥伴，人民幣正在成為亞洲地區事實上的基準貨幣和穩定貨幣。通過努力使亞洲貿易去美元化，中國始終堅守其保護周邊環境及維護其主權的傳統。

3.5 技術主權：計算機操作系統和半導體

眾所周知，由於源代碼存在缺陷，美國的軟件允許計算機間諜活動。但這個霸權國總是很快推翻這些指控，並將上述缺陷作為指控中國 IT 設備製造商華為和中興通訊的依據，而華為和中興是美國 IT 設備製造商的兩大強大競爭對手。

為保護自己免受英美間諜機構安裝的計算機操作系統的缺陷的影響，中國開發了自己的解決方案：麒麟（Kylin）（面向大眾）和中標麒麟（NeoKylin）（面向政府部門），計劃逐步取代中國政府部門計算機上的微軟產品，並逐步向大眾開放。

這兩個操作系統由國防科技大學（在中央軍事委員會的監督下）開發，與 Android 和 Linux 兼容，支持超過五十五種語言，有助於"一帶一路"倡議沿綫國家採用。

從中期來看，我們可以預料到，未來全球計算機使用人群將在微軟 / 蘋果用戶和麒麟用戶之間分化：一方面，美國及其西歐、中東和印太海域（日本、韓國、澳大利亞、新西蘭、新加坡、部分東南亞國家、印度）的附庸國將繼續別無選擇，只能安裝微軟系統；另一方面，中國以及全球南方的部分國家 / 地區（伊朗、委內瑞拉、非洲部分國家 / 地區、南美部分國家 / 地區）為了不讓其系統易遭受霸權國的入侵，將選擇配備麒麟或其後代系統。

法國直到 20 世紀 90 年代才開發出自己的技術（Minitel、Bull、SAGEM 等），現在則完全依賴美國和以色列的 IT 公司，這些公司將歐盟視為人才庫、間諜實驗室和成品出口市場。

歐盟以及與其相連的歐洲-中東-非洲地區無疑有能力開發自己的操作系統，但由於必須禁止霸權國家的系統而沒有這樣做，扮演著"地球村白癡"的角色。除非歐盟的主導國迅速恢復主權，否則歐盟成員國實際上已將其技術主權拱手讓給了霸權國（從而放棄其防禦能力）。中國得益於技術轉讓，特別是來自歐洲的技術轉讓，將在十五年內獲得半導體[1] 戰略領域的全部技術主權，儘管，或者更確切地說，得益於美國的制裁，迫使中國加倍努力。

3.6 中國：內斂的超級大國

> 我們沒有永遠的盟友，也沒有永遠的敵人。我們的利益是永恆的，我們的責任是追求這樣的利益。
>
> —— 亨利·約翰·坦普爾

---

1 《台灣芯片製造商暗示與美國脫鈎》，《亞洲時報》，2021 年 12 月 11 日（上次訪問日期：2022 年 7 月 20 日）。

這是 1848 年英國外交大臣亨利‧約翰‧坦普爾說的，但常常被錯認為是丘吉爾說的。1949 年以來，每位中國領導人都持有一種實用主義心態，把中國的國家利益作為其治國理政的首要標準。

　　對國家利益的不懈追求解釋了中國目前在西方媒體策劃的針對中國的危機中遇到困難的原因。在這場信息戰中，中國政府似乎並不寄希望於一個假想的軟實力，而是從與人際關係相同的角度看待國際關係，這種關係或多或少受長期的利益聯盟的支配，以一種持久的均勢在幾個主要參與者之間達到平衡。

　　中國缺乏英美的軟實力工具，也沒有表現出想要發展軟實力的雄心。這是因為它不相信其有效性，還是因為它沒有能力賦予它國際層面的意義？事實依然是，中國政府傾向於以互利經濟發展為目的的外交，而不是模仿未能兌現的美國"一體化宣傳"的承諾：向全世界扔下一枚地毯式視聽炸彈，有意無意地向全世界販賣"美國夢"，一個虛構的社會，一種幻想般的生活方式，宣稱自己優於其他文化，討好世界各個角落的觀眾以自我為中心的享樂主義本能。

3.7 共同富裕的中國夢

　　與美國夢形成鮮明對比的是，習近平 2012 年闡明的"實現中華民族偉大復興的中國夢"略顯樸素，因為它沒有聲稱滿足物質主義和個人主義的成功慾望，也沒有宣稱一種文化或生活方式優於其他文化或生活方式。"中國夢"不那麼輕浮，更具理性，它承諾實現全面小康，並且在相互尊重的基礎上，實現不同文化之間、中國所有少數民族之間，以及與世界其他國家的持久共存。

中國夢提出構建"人類命運共同體"（2012 年以來，中國國家主席幾乎每次發言都採用這一表達方式）。中國作為一個負責任的新國際關係參與者，希望做出重大貢獻，也充分意識到"中國人民的夢想與世界其他各國人民的夢想緊密相連"，"沒有和平的國際環境、穩定的國際秩序，中國夢就不可能實現。"[1]

儘管有這些無私的"雄心"，也許正是因為這些"雄心"，中國夢經常在西方媒體上遭到抹黑。

習近平主席對儒家政治思想很關注，尤其是對公務員德行非常重視，在經歷了四十年的高速經濟發展之後，正努力重視道德建設。

西方因心理譜系學（一種據說具有遺傳性的創傷偽科學，向永恆的罪惡敞開大門，從而為後代的賠償要求敞開了大門）幼稚化，並且因就其不幸的歷史事件懺悔而遭受精神創傷。但與西方不同的是，中國人民並不為自己的過去感到羞恥，不論光榮與否，都毫不猶豫地從每一個歷史事件中汲取積極的一面，展現出政治上的成熟，這可以作為西方的榜樣。

在反腐敗鬥爭方面，西方國家元首的德行是一種政治和媒體姿態，也是意在消滅其政治對手（儘管也可以用於此目的），而在中國，這種廉潔德行在傳統上構成了中國權力的核心元素。

---

1 《習近平在中國共產黨第十九次全國代表大會上的報告》，第 12 章 "堅持和平發展道路，推動構建人類命運共同體"，2017 年 10 月 18 日。

3.8 元首的德行：權力合法性及國家持久性的保障

政治哲學家孟子是孔子思想的繼承和發揚者，他主張在行使權力時的德行（"為政以德"）與君主的正統性之間建立了一種有機聯繫，當時戰國的君主都遵循的是法家學派的理論，這種理論宣揚建立以刑法和行政法治理的強大國家。

對於善政的構成原則，孔子及其後的孟子在《中庸·九經治天下》寫到："凡為天下國家有九經：曰修身也，尊賢也，親親也，敬大臣也，體群臣也，子庶民也，來百工也，柔遠人也，懷諸侯也。"[1] 這一箴言延續了三千多年，一直延續到 19 世紀的清朝皇帝，當時的皇帝玉璽上印有"敬天勤民"[2] 字樣：敬奉天命，為百姓而盡心盡力。

孟子認為統治者的仁心是三個朝代（夏、商、周）第一代君主當權的原因，並認為缺乏仁心是這三朝最後三位君主下台的原因："三代之得天下也以仁，其失天下也以不仁。國之所以廢興存亡者亦然。"[3]

孟子在王道思想中提出了仁君優先的等級制度：

> 保民而王，莫之能禦也。

君主的首要保護職責是照護百姓，即"民為貴"，為他們提供照顧長輩和後代所需的物質條件。其次是合理管理社稷即經濟，即"社

---

1 孔子、孟子，《四書：中國道德與政治哲學》，波提譯自中文版，巴黎，Charpentier，1846 年，第 114 頁。

2 "敬天法祖，勤政愛民"。

3 閻學通：《中國的古代思想與現代權力》，普林斯頓大學出版社，2011 年，第 28 頁。

稷次之"。而權力儀式的行使在最後,即"君為輕"。

> 天命:自古以來,中國君主的合法性源於"天命",天命是依據君主的德行和公正執政能力賦予君主的,中國古代哲學家稱之為"有人性的權威"。皇位不像歐洲那樣貴族世襲,也不像日本那樣來自太陽後裔。如果君主道德缺失或墮落,天命會被收回,並傳給證明有這種道德的人。

　　為了讓西方更好地理解中國的國內政策決策和外交,應將古代哲學家孔子、孟子以及老子納入政治哲學和國際關係研究課程。這種比較研究將讓學生有機會重新審視並認識已經廢棄的歐洲政治哲學的概念與中國哲學中有對等的概念,更新這一概念並系統地加以應用是 21 世紀中國文明復興的關鍵。

3.9 受查爾斯・莫拉斯理論啟發的一體化民族主義

　　中國式的社會主義市場經濟使人想起 17 世紀的法國柯爾貝爾主義。這是一種帶有實用主義色彩的經濟理論,結合了統制式資本主義和貿易保護主義措施,旨在保障君主及其王國的經濟和金融主權,換言之,是國家資本主義[1] 的一種形式,其特點是國家機器既是經濟生活的參與者,又是其最終仲裁者。

1　白吉爾,《中國:新國家資本主義》,巴黎,法亞爾出版,2013 年。

中國的經濟治理是比柯爾貝爾主義更廣泛的政治運動的組成部分，柯爾貝爾主義的明確目標是社會主義。不同於蘇聯的實用主義和新儒家思想的影響，當代中國治理讓我們想起另一種起源於法國但從未在法國應用過的理論：整體民族主義，或查爾斯·莫拉斯的"政治至上"。

事實上，在中國的黨和政府的最高層，有一種民族偏好，即容許少數民族相對於漢族享受一些特殊政策，同時絕對禁止中國公民享有雙重國籍。雖然有些公民設法逃避後一項措施，但對各級政府公務員、共產黨員，當然還有人民解放軍來說，都必須嚴格遵守。

正如莫拉斯的整體民族主義理論所倡導的，中國對被認為受外國影響的宗教團體也有明智的不信任，這與莫拉斯對四個邦聯國家（也稱為"內部外國人"）的不信任相一致。

與整體民族主義保持一致，中國的民族團結完全受黨（用莫拉斯的話來說是"君主"）的領導。黨奉行一切以國家利益為先。這一基本原則是毛澤東主席 1962 年在擴大的中央工作會議上提出的："工、農、商、學、兵、政、黨這七個方面，黨是領導一切的"。[1]

習近平在 2017 年黨的十九大報告中確認了"黨政軍民學，東西南北中，黨是領導一切的"這一原則的持久性。

這一"政治至上"原則不是政治家為爭取民望或連任所做的承諾，而是國家在中國行政體制的各個層面實施的政策。

---

1 白吉爾，《中國："新國家資本主義"》，巴黎，法亞爾出版，2013 年。

雖然國有企業一直都有一名共產黨的領導者，但這項措施最近已擴展到私營部門，以防止資本主義的無序擴張，特別是為了防止出現壟斷行為、掠奪性灰色金融、建立不利於低收入家庭的教育市場、濫用中國公民的個人資料等非法行為。

現在，中國近 50% 的民營企業[1]、92% 的 500 強[2] 企業以及所有在證券交易所上市的公司，都以黨代表、委員會或工會的形式接受共產黨的領導。

儘管如此，中國經濟，不是蘇聯的計劃經濟，但可以與一些經合組織（經濟合作與發展組織，OECD）國家經歷的混合經濟階段相提並論。

20 世紀 70 年代以來，中國國有資本在國民經濟的佔比已開始逐漸降低。國有企業對經濟的貢獻度已從 1978 年改革之初佔國民生產總值的 70% 降至 23%—28%[3]，這一數字自 2005 年（國企改制進程結束）以來一直保持不變。

國際貨幣基金組織 1984 年[4]（當時一些西方國家可以視為混合經濟體）的一項研究表明，法國國有企業在國民生產總值中所佔份額為

---

1 中國民營企業調查，中華全國工商聯，2018 年（上次訪問日期：2022 年 7 月 20 日）。

2 《2020 中國民營企業 500 強報告》，中華全國工商聯，2020 年，第 65 頁（上次訪問日期：2020 年 7 月 20 日）。

3 張春霖，《國有企業對中國的國內生產總值（GDP）和就業的貢獻究竟有多大？》，2019 年 7 月 15 日，世界銀行（上次訪問日期：2020 年 7 月 20 日）。

4 Clive S. Gray、R. P. Short 和 Robert H. Floyd，《混合經濟中的公營企業》，國際貨幣基金組織，1984 年。

12%—13%（20 世紀 60 年代），德國和英國（20 世紀 70 年代）為 10%，而美國和日本傳統上為 1%。

中國政府沒有表示可能屈服於西方壓力，進一步減少國有企業在經濟中的作用，儘管中國政府計劃繼續改革這一部門，"並對供給側結構改革、創新型發展和生產設備升級給予特別關注，同時鼓勵國有企業合併"。[1]

為確保國有企業與政府指令協調配合，國有企業在國有資產[2]監督管理委員會的監督下重組，該委員會直接向總理主持的國務院報告。

有了這個超級部委，中國政府才可以在國家的主要經濟方向上烙下自己的印記，確保工業和金融集團不會像西方國家那樣成為違背國家利益的不可控制的超國家勢力。

3.10 中國特色的社會主義

中國沒有勝利的資產階級，也根本沒有資產階級。[3]

歐洲傳統社會分為三個社會階層（負責向上帝祈禱的人、負責戰鬥保衛家國安全的人、負責工作勞動的人），而中國傳統社會則分為四個社會群體：四民，這個名稱的首次出現可追溯到公元前 8 世紀春

---

1 《前三季度中央企業利潤同比增長 66%》，《中國日報》，2021 年 10 月 21 日（上次訪問日期：2022 年 7 月 20 日）。

2 國務院國有資產監督管理委員會（上次查閱日期：2022 年 7 月 20 日）。

3 白吉爾，《中國："新國家資本主義"》，巴黎，法亞爾出版，2013 年，第 133 頁。

秋時期齊國宰相管仲的著作。

> 　　傳統的社會等級制度：上層是士，大部分官員都屬於這一
> 階層（其餘來自貴族階層，他們的職位部分是世襲的），其次
> 是農、工，最後是商，商人處於社會階層的底層。在中國的傳
> 統中，商人並不受重視。雖然公眾輿論最近在商人問題上有所
> 改觀，但中國官方的情況卻並非如此，他們認為這種社會階層
> 是服務於國家和人民的。而國家在改革開於之初就依賴這一階
> 層，因為中國正處於經濟起飛階段。後來，政府肯定了商人的
> 重要性，但對他們施加了很大的限制，以此提醒他們服從於政
> 治領域。

3.11 沒有資產階級和寡頭政治，"全政治"方式

　　無論我們研究什麼時期的中國歷史，我們都能看到，商人階級、
資產階級在中文都被翻譯成"資產階級"，從未被政治精英們允許獲
得任何形式的代表權，使其能夠獲得政治權力，進而達到寡頭政治的
地位，就像羅馬帝國以來西方的情況一樣[1]。但有一個例外。

　　1978年的經濟改革無疑推動了一個繁榮的商業階層的興起，這
個階層後來得到了官方（江澤民的"三個代表"理論）的扶持，這得

1　邁克爾・赫德森，《西方文明的終結》，2022年7月12日，於2022年7月11日在第九屆
　南南可持續發展論壇上的講話，香港嶺南大學。

益於伴隨而來的政府措施以及黨的指示 [1]，但總是在政治精英們決定的限度之內。這些精英們像鐘擺一樣搖擺，有時對這一階層是有利的，有時是限制性的，甚至是懲罰性的。

在中國，經濟領域不能取代政治領域，因為前者被視為服務於後者目標的工具。在中文裏，"經濟"一詞是"經世濟國"的縮寫，字面意思是"經管世道，補益國家"。[2]

商人階級，或者說民族資產階級，在中國近代歷史上有許多繁榮的機會。但正如我們在西方所理解的那樣，它很少能夠鞏固為資產階級、寡頭階級，即獲得一種代表權，使它能夠寄生在政治精英中並控制國家。

中國第一部也是最後一部資產階級史詩始於 19 世紀末，在 1919 年至 1937 年達到高潮。19 世紀末期的上層買辦資產階級，即真正向中國人民販賣英國鴉片的商業中間人階層，脫離了民族中小型資產階級，在幾十年內把中國變成了"東亞病夫"，背叛了人民和皇帝，然後在下個世紀被勝利的中國共產黨趕出了大陸。

這個"中國資產階級的黃金時代"[3] 恰好是清朝在西方壓力之下倒台後為孫中山建立中華民國讓路的時期。與今天的西方共和國一樣，這個資產階級共和國腐敗無能，也無力抵抗 1931 年以後日本的殖民擴張，直到中國人民打敗了日本侵略者，以及共產黨打敗了以蔣

1　1979 年鄧小平的談話中有"勤勞致富是正當的"。

2　相藍欣，《中國政治合法性的探尋：一種新的解讀》，羅特利奇出版社，2021 年。

3　白吉爾，《中國資階級的黃金時代（1919－1937）》，巴黎，弗拉馬利翁出版社，1986 年。

介石的國民黨為代表的上層買辦資產階級，這兩個同時存在的敵人被消滅，殖民擴張才結束，而此後買辦們逃往香港、台灣地區和西方世界。

自 1978 年開始經濟改革以來，中產階層有許多機會進行自我重建，通常是買辦式中產階級的子女重返商業領域。但是，這種新的中產階級始終處於一種不確定狀態。

除了鴉片戰爭時期和日本侵略時期外，自古以來中國政治領域一直高於經濟領域。儘管中國在 16 世紀以前比西方更資本主義，但它從未允許其政府成為馬克思在《共產黨宣言》中提到的歐洲資本主義國家"管理資產階級日常事務的委員會"。用白吉爾教授的話說，官員（高級公務員）總是比買辦資產階級佔上風。

即使因外國佔領而式微，歷屆中國政府也從未給予商人形成寡頭政治、與公共權力競爭、然後控制公共權力以利用國家投射的權力的自由，並不像歐洲財團勢力那樣，攫取議會，為自己投票，推行殖民征服政策。在中國，四百多年來，商人興旺起來了，但他們往往有著與歐洲同行相同的缺點（掠奪土地所有權、控制信貸、奴役人口等），而且始終處於政府機構的監督之下，政府機構最終會約束其過頭行為。

今天，對於可能成為新型"西式資產階級"、寡頭政治和無國籍階級的富裕中產階層，對其實施高度管控是中國共產黨的長期任務。近年來，中國內地的中產大亨和他們的手下（其中大多數是有名的男演員和女演員，這些人有意無意地扮演外國代理人的角色）在共濟會

（一個在香港成立了四個世紀但在中國被禁止的組織）中扮演神秘角色的醜聞以及清洗外國資金以資助中國領土內的外國非政府組織的案件在中國變得越來越頻繁，就像俄羅斯 [1] 的情況一樣。這些便是霸權國滲透中國中產階層的明證。杜勒斯早在 1953 年就認定中產階層是顛覆共產主義國家的自然代理人。

中國政府的常規做法是從自己的隊伍中清除這些腐敗分子，暫時"離群索居"，就像一個知道自己受到攻擊的有機體一樣，必須孤立自我隔離以消除雜質、增強自身免疫力。

霸權國不斷試圖進入中國，卻因此導致中國主權不斷強化，在這樣的背景下，我們可以看到，以這個國家為首的"快樂全球化"正在停止，一個新的世界秩序正在形成，而不是全球主義世界經濟論壇及其青年領袖大軍所設想的世界秩序。

中國在經濟和外交上繼續排除一切困難，堅定自己的立場，與俄羅斯及其他抵制帝國單邊主義的國家一道，構建一個傳統世界的核心，擺脫一切進步主義與普遍主義意識形態，竭誠致力於實現多邊主義，多邊主義只要為霸權國所用，就是一個空話。

我們可以確定中國與西方關係發展的三種情景。未來十五年中西關係很有可能是這三種情景的混合體，因而不用假裝預測其中任何一個會成為現實。

1　Karine Bechet－Golovko，《醜聞：法國駐俄羅斯大使館與俄羅斯反對派的金融衝突》，2022 年 6 月 19 日（上次訪問日期：2022 年 7 月 20 日）。

第四章

霸權主義國家強加的環境地平綫

2035：協作、競爭、對抗*

* 本章部分內容僅代表作者個人觀點，可能不符
合中國的實際情況，請讀者注意分析與鑒別，以
批判性精神閱讀理解。

無論是拜登總統在談到中美關係時所說的"沒有必要衝突，但會有極為激烈的競爭"，還是美國國務卿布林肯在就職當天發表的"3C原則"（合作、競爭、對抗）的演說，霸權國似乎沒有明確的戰略來重新界定與中國這一新興強國的關係。

　　"3C原則"實際上只是三管齊下地對霸權國公認的唯一外交政策進行剖析，即遏制那些其在經濟上或軍事上無法征服的新興大國。

　　這種三管齊下的剖析企圖操縱西方輿論，製造這樣一種錯覺：霸權國是公正的、仁慈的，它可以在與中國的關係中同時揮舞大棒和胡蘿蔔。但事實上，這些語義纏繞的唯一目的是延續帝國主義統治，在這種統治下，合作不能同時對兩個主角都有利，而競爭決不能只為中國帶來勝利。霸權國只知道如何玩零和遊戲。

　　華盛頓很可能會試圖將一個單一的國際關係問題（氣候、金融、衛生、軍備）分成幾個部分，其中一些問題從表面合作的角度來處理，而另一些則從競爭甚至對抗的角度加以考慮。事實上，這種對抗性做法可能首先有利於檢驗中國在這些問題上的應對能力，然後再從競爭或合作的角度著手處理。

　　中國政府的善意形成的一種錯覺有利於維持美國在公眾輿論中的霸權形象，因此中美關係的方方面面都將保留這種合作方式。為分散媒體的注意力並得到肯定，中國政府有時不得不接受西方政府的一些牽強附會的要求，而這些政府以進步主義為傲。例如，在安靜如禪宗般的國際組織框架內，就雄心勃勃的"碳中和"目標進行談判，對於北京方面來說，在這樣一個領域，相對容易給人一種接受這個霸權國的進步要求的印象，而不必實際改變路綫。除了 COP21（第 21 屆聯合國氣候變化大會）成功舉辦的新聞報道以外，中國和印度還獲得了二氧化碳排放豁免，二氧化碳排放量可以繼續增加到 2030 年。西方，這個虛偽的擁護者，正在把越來越多的工廠遷到中國，卻沒有辦法遷回自己的工廠。西方完全清楚，這是中國化石燃料消耗大的原因，其工廠主要是為了裝滿西方商店的貨架。因此，北京方面沒有同意改變經濟增長或防治污染的路綫，他們打算根據自己的時間表制定計劃。

霸權國與中國關係的競爭方式只是一種媒體言論，旨在說服西方公眾輿論，華盛頓對健康的經濟競爭關係持開放態度，並準備接受"最佳者獲勝"。

這當然是一種錯覺，因為霸權國在遊戲過程中經常改變遊戲規則，在國際組織對其有利時加入，而在對其有限制時離開，並在其認為合適的時候蔑視國際法。

可再生能源、人工智能和通信安全都是競爭激烈的領域，只要霸權國一時興起，這些領域的競爭就會演變成對抗。華為便是華盛頓口是心非表現的例子。華盛頓因為無法說服其所有附庸國拒絕華為的 5G 設備，而將其首席財務官孟晚舟非法監禁在加拿大，而在經過多年的外交談判且沒有就 5G 問題進行任何交換的情況下將她釋放。

最後，中美關係的"對抗"方面，即使被喬·拜登的一篇語無倫次的演說所否認，也一如既往地緊密相關，包括自冷戰結束以來被認為已拋棄的核武器層面[1]。霸權國與中國的不對稱戰爭，包括以受控的侵略升級為基礎的低強度軍事部分。儘管看起來很荒謬，但與中國進行軍事對抗更容易讓人們和西方國家接受，因為 "恐華症" 是各政治派別人士之間罕見的共識之一，也是選舉時的制勝要訣。

4.1 "冷和平"：中美 "合作競爭"

在兩國之間的互信不斷下降的背景下，"競爭共存" 可以在很長一段時間內調節不斷衰落的霸權國與日益崛起的大國之間的關係，後者正在確保其他地區影響力，但其經濟卻不可避免地呈現出全球性。

霸權國維持一場低強度、不對稱的戰爭實際上是在掩蓋一種新的殖民主義傾向，如果中國和俄羅斯地緣政治影響力[2] 越來越大，進而抵銷這種傾向，可能會導致世界被劃分為兩個截然不同的影響區域，政治與貨幣方面相互脫鉤，而且將存在三種標準：不斷貶值的石油美元，體現俄羅斯化石燃料的不可或缺性的天然氣盧布，以及非洲和中東出現的石油元（可以採用電子形式，即數字人民幣），都可以作為一種國際交易貨幣，中國可以為所有與之進行貿易的國家提供替代方案。依照同樣的邏輯，我們必須依照同樣的邏輯預測每個影響區域會出現的不同行業標準，在國際社會接受比目前更公平的專利制度之前，這些標準將相互競爭。

---

1 特朗普政府時期開發的 W76—2 核彈頭，爆炸當量僅為一萬噸，可用於局部的小衝突。

2 中國和俄羅斯或援助敘利亞、委內瑞拉和阿富汗，或向印度和土耳其出售防禦武器，或在非洲的影響力不斷擴大等。

4.1.1 三極"冷和平"：石油美元、天然氣盧布和石油數字人民幣

在這種事態發展情況下，我們不再處於中國與霸權國之間的兩極冷戰環境，而是一種沒有實際意義的三極"冷和平"，這是一種防禦性競爭，中國與霸權國之間的貿易減少到最低限度，俄羅斯小心翼翼地不落入其他兩個角色的軌道，而歐盟則承受其作為其他大國（無論是國家還是私人行為者）的戰場帶來的痛苦。

他們的對抗將在第三方舞台上發生，這是因為霸權國越來越多地使用法律，而這些法律的域外適用使其能夠從字面上敲詐那些對抗它的國家和跨國公司，特別是劫持他們的"高附加值"國民作為討價還價的籌碼，以換取巨額罰款或外交讓步。不幸的是，孟晚舟（華為，2018年）、弗雷德里克·皮耶魯齊（阿爾斯通，2013年）在北美被隨意監禁，或者恩里科·馬泰（ENI，1962）和克里斯托弗·德·馬熱里（道達爾，2014年）的悲慘命運，都是注定會成倍增加的先例。

這種冷和平將在歐洲舞台上發生，在那裏，柏林和布魯塞爾穿上了納粹長官的制服，以維持歐洲的附庸國地位。歐洲在失去所有地緣政治意義後，霸權國只將其作為在地中海地區乃至俄羅斯大門之外施加軍事影響力的平台。

歐盟成員國的工業基礎已被掏空，無法發揮除美國和中國產品出口之外的任何經濟作用，而這些產品都是在中國製造的。

例如，2021年全球最具影響力的商業品牌的排名將美國排在第一位，56個品牌幾乎佔全球100個最具影響力的品牌總價值的75%。中國品牌佔總價值的18%，這一數字正在穩步增長，而歐洲品

牌則下降到 17%，僅佔總價值的 8%[1]。

這種依賴情形較廣泛地適用於歐洲、中東和非洲（Europe, Middle East, Africa, EMEA）地區，英美這兩個巨頭正將其產品和服務投入到這個擁有近 15 億專屬消費者的市場中。法國製藥巨頭賽諾菲和瑞士羅氏公司出人意料地缺席了新冠疫苗競賽，而這只不過是霸權國在歐洲經濟體自己的領土上造成癱瘓的眾多例子之一，這樣歐洲經濟體便無法再從英美品牌手中奪取市場份額。

許多非洲和中東國家已經清楚地意識到，俄羅斯和中國與西方國家的競爭於他們是有利的，他們正與中國密切合作。中國正在將"一帶一路"倡議擴展到整個非洲大陸。例如，安哥拉 2015 年以來將人民幣作為向中國出售碳氫化合物的第二種法定貨幣[2]；沙特阿拉伯過去六年來一直與中國談判，以人民幣結算石油貿易。

法中在非洲的合作被法國外交宣傳為延續其在非洲的戰略重要性的證明，與其說是法國外交部想像的對等合作，不如說是一個技能轉移和權力傳遞的問題：在當地，法國公司正在輸掉投標，甚至不再參與投標，而這對中國、俄羅斯、美國和以色列等競爭對手是有利的。

在這種情況下，歐洲國家的唯一出路是在霸權國允許的範圍內尋求與俄羅斯和中國擴大合作，只要他們仍然能夠上談判桌。歐盟某些國家與俄羅斯的部分和解很可能是霸權國在幕後鼓動，試圖使俄羅斯

---

1 《2021 最具價值的全球品牌》，Kantar Brandz 報告（上次查閱時間：2022 年 7 月 20 日）。

2 《安哥拉將人民幣作為其第二種法定貨幣》，Agence Ecofin，2015 年 8 月 9 日（上次訪問日期：2022 年 7 月 20 日）。

與中國脫鉤。

的確，同時攻擊兩個歐亞大國是極其錯誤的。即使這個大西洋主義的深層政府並不缺乏這種錯誤，但它也無法同時在如此多的戰區（包括伊朗和中亞各共和國在內）擴張其軍事資源。

在霸權國旨在強加日益衰落的自由民主模式的救世主運動中，明確地將中國認定為首個倒塌的多米諾骨牌，其後便是俄羅斯、伊朗和其餘主權國家。因此，在北約精心策劃並不斷升級的俄烏衝突最激烈的時候，美國國務院、五角大樓以及英國外交部繼續將中國列為西方陣營的頭號對手，不再將其描述為系統性對手，而是現在的生存威脅。

在同一問題上，法國總統在 2019 年的一次採訪中鼓勵歐盟拉近與俄羅斯的距離，防止其成為 "中國的附庸國" [1]。

這種與地緣政治現實脫節的言論證明了法國總統一職及法國外交的崩塌：外交政策本是第五共和國總統的職權範圍，現在卻被授權給完全屈從於美國利益並佯裝照顧本國利益的外交官員。

法國最近三任總統是法國降級為二流國家的原因之一，與其說擔心 "俄羅斯被中國征服"，不如說法國在更擔心地找尋保住其聯合國安理會席位的充分理由。萊茵河對岸的鄰國極度渴望得到這個席位，這個國家可以與它完全佔主導地位的歐洲機構協商，通過將安理會席位從法國移交給歐盟而取得其控制權。

1　埃馬紐埃爾・馬克龍的話，《經濟學人》，2019 年 11 月 7 日（上次訪問日期：2022 年 7 月 20 日）。

法國國家元首在不斷出賣自己國家的主權，2019 年卻對另一個國家主權的重要性發表高論，這有點諷刺。他呼籲真正的主權國家元首弗拉基米爾‧普京下令並籲請他 "重建與歐洲的平衡狀態，並得到（中國）的尊重"[1]，這證實了法國外交崩塌，法國淪落至前殖民國家陣營，新興地區國家也不再願意傾聽它的聲音。

　　德國政治領導人對否認的精通稍遜於法國同行。德國的外交使團和法國的一樣無能，其職位在政治黨派與大企業之間進行分配，政治黨派以覺醒主義和日益嚴重的 "恐華症" 為明顯特徵，而大企業則是務實的、愛國的，在政要們中有著一定影響力。

　　德國外交完全從鼓吹自由民主的角度來看待與中國和俄羅斯的關係。例如，德國的外交部長們都比上一任更公開地仇視中國，他們解釋說，德中經濟脫鈎是一種自殺式想法，不會讓他們感到震驚，只會適得其反，因為 "這會使中國與俄羅斯更緊密地團結在一起，從而建立起現有最大的經濟和軍事實體"。[2]

　　與法國一樣，除了大西洋主義視角，德國外交無法從其他任何途徑來觀察世界，它樂意以進步主義和新殖民主義為名，犧牲其與最大貿易夥伴中國的經濟關係，但之所以沒有這麼做，只是因為這樣做會進一步推動其兩個意識形態對手的和解。

1　埃馬紐埃爾‧馬克龍的話，《經濟學人》，2019 年 11 月 7 日（上次訪問日期：2022 年 7 月 20 日）。

2　聯邦外交部長海科‧馬斯在德國聯邦議院的演講，2021 年 2 月 10 日（上次查閱日期：2022 年 7 月 20 日）。

幸運的是，德國的外交政策一度掌握在四十多歲的無能生態學家手中，其優勢在於在國內政策的相對無害。無論德國的外交行動如何引發中國的敵意，都會受到務實、頑固和狡猾的大企業領導人的阻撓，他們知道如何抵制美國的禁令，確保德國工業的專有技術不會像法國專有技術那樣被出賣，而且德國與中國的經濟關係不會被激進、警惕和傲慢的外交所破壞。

　　在西方外交誇誇其談和道貌岸然的姿態背後，我們可以看到這個衰落的霸權國對其無法阻止敵對國家出現的恐懼。

　　顛倒黑白的指控、制裁以及其他軍事姿態基本掩蓋不了與中國在自然資源上的激烈競爭，無論是碳氫化合物還是新技術所必需的稀土，後者主要在中國開採，這讓西方國家陷入"脫碳"[1]的集體催眠之中，但其對中國的依賴程度超過對俄羅斯天然氣和波斯灣石油供應商的依賴程度。

　　雖然新興的合作競爭與美國和蘇聯的冷戰毫無相似之處，但西方分析人士將目前的局勢形容為"冷戰的延續"，因為西方贏得了冷戰，並希望重演這一壯舉。

　　霸權國不再像 1991 年的俄羅斯那樣擁有征服中國的經濟、軍事、文化資源或意識形態威信。西方陣營對俄羅斯的蓄意差辱性全面勝利不再是習近平領導的中國或普京領導的俄羅斯的選擇。

1　二氧化碳（CO_2）不是污染物，它是植物和樹木的食物。想要使大氣層"脫碳"，就像想要淡化海洋一樣。正如許多被忽視的研究（包括《自然》雜誌上的一項研究）所表明的那樣，大氣中二氧化碳增加加快了植樹造林的速度。

與此同時，這個衰落的霸權國缺乏凝聚力，一些歐洲國家正在尋找機會，將自己從繁瑣的帝國主義管教中解放出來，與俄羅斯和中國拉近距離，這是中國一定會抓住的機會。正如中國駐法國大使盧沙野在一次內容廣泛的採訪（完全用法語進行）中解釋的那樣，中國和西方"可以藉由交流等多個途徑携手前進，互不干擾"[1]。

　　在這個以交流為基礎的合作競爭框架內，中國與西方的關係將是謹慎的、不信任的交流，是兩個文明之間的溫和交流，儘管有其不利之處：毫無疑問，中國是一個處於經濟、軍事和文化防禦中的古老文明，而西方國家只不過是一群雜亂無章的附庸國，是新教盎格魯—撒克遜教派地區與天主教附庸國歐洲之間的一種有限混合體。這種混合體的凝聚力只能通過不斷創造一個外部假想敵來維持。

4.1.2 中國文化特殊主義，帝國救世主例外主義的對立面

> 中國的例外主義是文化性的，中國不試圖改變他國的信仰，不對海外推行本國的現行體制。
>
> —— 亨利・基辛格《論中國》

　　與英美例外主義不同的是，早在毛澤東和鄧小平時期就提出的特殊主義概念，沒有征服外國領土以傳播哲學或宗教價值觀、憑藉武力開展貿易的救世主情結，也沒有基於改變信仰和高壓政治的任何其他企圖。

---

1 《中國耿直大使盧沙野直播訪談》，思想者視界，2021 年 9 月 23 日（上次訪問日期：2022 年 7 月 20 日）。

這種謹慎起源於明朝早期。1433 年，明朝鄭和下西洋的活動中斷，以及當時世界上最強大的皇家艦隊棄用，這表明中國早在 15 世紀（比克里斯托弗・哥倫布在西方開啟殖民時代早了六十年）就意識到，征服外國領土以換取假想利益會帶來一定危險。中國的貴族們很早就認識到，殖民探險甚至純粹的商業探險活動體現的是資源的失常和浪費，因為有的探險實際就是浪費國家資源來侵吞遙遠大陸的資源。

　　帝國時代的中國選擇了與歐洲列強不同的道路，雖決定讓外國來中國開展貿易，但寧願集中精力於自身發展，保護自己免受北方的蒙古入侵，並與周邊國家建立一種和解的關係。

　　為更好地理解歐洲殖民冒險的反常現象，我們有必要看看當時英格蘭、法國、荷蘭、西班牙和葡萄牙的議會組成情況。

　　例如，在法國，我們知道 19 世紀和 20 世紀殖民政策的狂熱推動者的意識形態傾向：他們都是自封的偉大的社會主義人道主義者（左派），他們決定推翻保守的愛國精英（右翼）不願讓法國承擔自殺性使命[1] 的做法，這使法國耗費了本應分配給領土和基礎設施發展的很大一部分資源。德國在空間以及佔領區的發展程度都很有限的情況下，才遲遲開始殖民冒險，而且為了集中精力發展工業，正好省卻了這種自殺性耗費。

　　殖民化，就像今天的新殖民主義一樣，是銀行和大公司的工作。

1　閱讀澤維爾・莫羅的 "Le livre noir de la gauche française"，歐洲政治戰略分析中心（Stratpol），2022 年。

18 世紀以來，通過激烈的遊說以及對國家議會的滲透，他們已經成功迫使歐洲國家將公共權力，特別是軍隊、警察和行政部門，用於私人商業利益，並承諾為國家帶來假想利益。

現在我們幡然醒悟，公司通過殖民化致富，這種大規模的迅速致富成為其經濟起飛的基礎，使其能夠在全球範圍內達到一個臨界規模，並且能夠一勞永逸地擺脫起源國和殖民國的監管。

殖民的後果（大規模移民、大規模失業、衛生系統和社會安全系統的負荷、犯罪、社群主義等）則由相關國家及民眾承擔。殖民冒險的利潤被私有化了，而這些國家及其民眾至今仍在分擔這些損失。

相比之下，中國的工業化從未訴諸殖民主義。事實上，相較於 18 世紀的歐洲殖民國家，中國拒絕採取這些掠奪性措施可以解釋它突然降級的原因。

歐洲皇室尤其是英格蘭和荷蘭的殖民冒險使他們在 19 世紀初趕超另一個 "核心地區" ——中國的江南（即長江入海口以南地區），這一地區當時正在經歷類似的騰飛、經濟發展和人口增長，其居民的生活水平接近歐洲人。

正如彭慕蘭在他的著作《大分流：中國、歐洲與現代世界經濟的形成》[1] 中所說，西方對美洲、印度和非洲的殖民統治使英國的農田壓力擴散到殖民地，進口的諸如糖、小麥和棉花等主要產品，會消耗英國和荷蘭等歐洲小國缺乏的大量耕地。

---

1 彭慕蘭，《大分流：中國、歐洲與現代世界經濟的形成》，普林斯頓大學出版社，2000 年。

理解中國與西方的關係

彭慕蘭的這本書揭穿了以歐洲為中心的神話，即殖民地代表著歐洲本土產品的出口，而事實上，殖民地首先是本土經濟發展必不可少的廉價原材料來源。18 世紀，當時領先世界的經濟大國中國再次拒絕走掠奪之路，將領先地位拱手讓給了比其小得多的工業化歐洲國家。

正如我們所看到的，中國的特殊主義並不像英美例外主義那樣是救世主式的，而具有文化性特點。

中國的特殊主義是以中國文化的魅力為基礎，不是為了展示自己對別人的優越性（例外主義），而是要確保中國文化特殊主義足夠鮮明、實用和寬容，以激發好奇和尊重，甚至成為外國人創造一個適合本國實際的模式的靈感來源。

4.2 "熱和平"：中國對堡壘國家日益增長的敵意的回應

中國政府不願對霸權國的挑釁進行報復，霸權國可能會因此誤認為中國的立場是軟弱的，並試圖強加各種苛刻命令，就像對防禦能力較弱的國家所做的那樣。

無論是中國還是被冠以"專制"形容的任何其他國家（敘利亞、委內瑞拉、伊朗、俄羅斯、朝鮮等），霸權國從未設想在平等的基礎上進行談判，而寧願將其蓄意模糊的"基於規則的國際秩序"的概念凌駕於主權國家遵循的國際法之上，特別是中國和俄羅斯這兩個新的權力中心。

然而，離開國際社會自願遵守的國際法律框架，強制對方接受單方面頒佈的新法律，這與叢林法則類似。霸權國以只有自己才能定義的自由民主的名義，自以為是、厚顏無恥地主張自己有權干涉別國內政。

這種背離國際法的設想，雖因帝國主義政府的高度盲目性而成為現實，但從辯證的角度來看，越來越難以維持。

事實上，霸權國對付叛亂國家的其中一種慣用武器就是指控這些國家"侵犯人權"。西方侵犯人權的行為頻頻發生，但自滿的媒體卻將之隱藏在公眾和外國視綫之外，2020 年以來，這種侵犯人權的行為已增加到"專制"國家通常存在鎮壓的程度。

2022 年，西方能夠對中國進行說教，聲稱自己是人權和自由的捍衛者，這簡直是一場無恥的鬧劇。

從西方道貌岸然的壓力中解脫出來後，中國可以選擇在願意合作之處與霸權國合作，在西方試圖製造事端之處實施強有力的反抗。

西方以其偏執的地緣政治解讀網格（"日本黃禍"、俄羅斯危險、"穆斯林危險"、"中國黃禍"、伊朗危險等），將中國的每一次進步都描述為對既定秩序和世界和平的威脅。我們仍在找尋和平，而霸權國卻與一個或多個國家永遠處於戰爭之中。

西方民主國家保持與世界其他地區的永久戰爭狀態，是哈羅德·拉斯韋爾早在 1941 年提出的"堡壘國家"理論的特點，該理論描述了民主國家的演變，在這些國家中，負責國家安全的政府機構在國家預算和決策過程中發揮著越來越大的作用，並逐步擺脫政府對其活動的監督。

20 世紀 40 年代他就對將西方民主國家轉變成好戰的堡壘國家的問題進行了大量研究，但今天似乎已經廢棄了。但是，許多所謂的西方民主國家的國內外政策都有著堡壘國家的特徵，尤其是在甚少進行或根本不進行議會辯論的情況下，近乎武斷地通過國家安全緊急立法。

美國於 2001 年 9 月 11 日之後頒佈了《愛國者法案》，而英國對應的是 2004 年的《民事突發事件法案》，法國則是 2011 年和 2017 年的 LOPPSI 2 法案 [1] 和 SILT（國土安全和反恐怖主義）法案。

這些法律的通過是堡壘國家的典型特徵，其權力建立在對 "可怕的敵人" 不斷增加的恐懼之上，最初是對其進行詆毀和嘲弄，然後將其妖魔化到極點，目的是為軍火商買單，為增加國防預算辯護。

4.2.1 妖魔化中國

自從中國成為世界領先的經濟大國以來，西方媒體就指責中國犯下了種種可以想像的罪惡：污染環境、奴役人口、攻擊鄰國、傳播病毒等。

21 世紀初派駐中國的西方記者承認，他們試圖報道中國發展的積極方面，遭到編輯有計劃的拒絕。記者們顯然不理解到中國來的目的，抱怨上級只要求他們就三個主題發表文章或報告：工業發展造成的環境破壞（沒有把工業發展與西方工廠搬遷聯繫起來）、任何可能被視為侵犯人權的主題（農民工、"持不同政見" 的學生、"受審查"

---

1 這是一項被各大媒體描述為世界上最嚴厲的打擊網絡犯罪的法律，一項審查和監視的法律。

的藝術家等），以及任何可以從負面角度看待西藏自治區的事情。

今天，中國正在努力解決空氣污染問題。更可貴的是，中國是無可爭議的植樹造林世界冠軍。[1] 中國的經濟發展使 4.5 億工人在不到三十年的時間裏成為中產階級，於 2020 年消除了極端貧困。而西藏自治區幾年來一直是中國經濟增長速度最快的地區之一。

所有這些不能再用來攻擊北京的陳舊問題迫使西方媒體發明了妖魔化中國的新方法，並與外交政客們合作，將中國形容為一個"系統性對手"。

在不到十年的時間裏，中國已經從西方眼中的風景如畫的二線國家變成了霸權國的主要競爭對手，西方媒體和研究團體在相當多的誹謗出版物中都以這個為題材。這些出版物或多或少與 20 世紀 30 年代針對德國的出版物有著微妙的相似之處。德國在兩次世界大戰前夕，也同樣被法國、英國和美國媒體妖魔化。

儘管當時歐洲領導人不願定期參與破壞歐洲人口和經濟的敵對行動（1870 年、1914 年、1939 年的戰爭），但摧毀歐洲的兩次世界大戰之所以不可避免，主要是由於恐德媒體的炒作。因此，在過去幾年裏，所有西方媒體都在缺乏任何不同觀點或分析的情況下，對中國進行誹謗性媒體炒作，這是一個非常壞的預兆。

4.2.2 詆毀其成就：假裝對中國太空計劃漠不關心

中國太空計劃的成就，特別是中國作為先驅者（將第一個機器人

---

1 《中國人種了一片如同國家那麼大的森林》，fridayeveryday.com，2021 年 10 月 7 日（上次訪問日期：2022 年 7 月 20 日）。

送到月球的另一端，探險機器人成功首飛火星等）的成就，幾乎未被西方媒體提及，而美國越來越罕見的成就則受到媒體的熱烈追捧。

西方媒體將中國太空計劃的奇思妙想視為對人類的威脅：2021年長征五號 B 遙二運載火箭末級殘骸返回地球時，美國媒體對它進行了數天的跟蹤，直到它墜入太平洋的那一刻，之前他們一直猜測，"它可能會墜入紐約或人口稠密的地區"。[1] 相比之下，美國 SpaceX 獵鷹 9 號火箭返回地球則 "照亮了西雅圖的夜空"。

中國近期的太空計劃已經遠比歐洲的太空計劃雄心勃勃，而美國的公共太空計劃現在依賴私營部門來維持國際競爭力。如果中國的計劃能如期實施，那麼到 2033 年，中國將先於美國向火星發射載人飛船。

4.2.3 環境進步被忽視

西方公眾誰知道，得益於一項雄心勃勃的植樹造林計劃，中國的森林面積在 1978 年至 2020 年間幾乎翻了一番，森林覆蓋面積相當於德國的國土面積。與印度一樣，中國在植樹造林方面處於世界領先地位[2]：在碳封存方面取得了巨大成果，中國正開始向巴基斯坦等發展中國家出口其專有技術。[3]

---

1 《中國火箭：失控返回地球，引發擔憂》，《紐約時報》，2021 年 5 月 6 日（上次訪問日期：2022 年 7 月 20 日）。

2 《中國和印度引領全球綠化之路》，美國宇航局地球觀測站，2019 年（上次查閱日期：2022 年 7 月 20 日）。

3 《中國的造林知識能綠化世界嗎？中外對話》，2019 年 8 月 30 日（上次查閱日期：2022 年 7 月 20 日）。

同樣，中國在創造新能源[1]和可再生能源方面取得的進步也相對被忽視，因為這表明中國正在趕上甚至超越西方。

西方媒體很少或根本沒有提到中國在環境方面取得的進步，例如中國主要城市空氣質量的大幅改善。西方民眾從這些媒體那裏獲知的都是關於中國環境狀況的最不足道的負面細節，但當中國政府解決這些問題時他們卻得不到任何信息。

由於中國已經承擔了它所面臨的大部分環境、社會和經濟挑戰，粗暴的媒體外交譴責已經不夠了。西方軍事工業集團把控的國際大眾傳媒需要找到一種新的方法來詆毀中國，而台灣則是嚇唬西方觀眾的絕佳機會。

4.2.4 中國台灣，21 世紀的古巴危機？

正如我們所看到的，台灣海峽的現狀已不再適合霸權國的既往做法。欲讓國際社會譴責中國，並將地區盟友聚集在一起，組成一個"意願聯盟"，類似於非法入侵薩達姆·侯賽因領導的伊拉克時組建的聯盟，便需要一場衝突（一場軍事衝突，如果可能）。在這個正在形成的反華聯盟中，霸權國扮演著"基石平衡者"[2]的角色，這個主要角色雖然沒有在地面上作戰，但為派往前綫的附庸國提供後勤和裝備。

---

1 《中國正在一個巨大的實驗室設施裏建造一顆工作之星》，fridayeveryday.com，2021 年 10 月 11 日（上次查閱日期：2022 年 7 月 20 日）。

2 埃爾布里奇·科爾比，《拒止戰略：大國衝突時代的美國國防》，耶魯大學出版社，2021 年。

為了讓西方公眾輿論能夠理解這種情況，有必要煽動中國採取足夠強硬且非常直白的防禦行動，使其看起來像"侵略者"[1]。這很容易挑起，因為北京方面自 1949 年以來一直堅持認為，台灣宣佈"獨立"是一條不可逾越的紅綫，否則便要採取軍事干預和立即統一行動。

這一挑釁行為的第一次彩排於 2001 年在海南舉行，這對下一次與中國衝突的編排至關重要。

海南島相當於美國的佛羅里達州卡納維拉爾角航天中心和康涅狄格州的新倫敦海軍潛艇基地。美國海軍和空軍以航行自由和海洋研究為藉口，不斷巡邏南海。

2001 年，一架美國 EP3 Aries 飛機與中國一架試圖將其從中國領空趕走的戰鬥機相撞，戰鬥機在海南墜毀，這個行為侵犯了中國領空。就像北約軍艦最近入侵俄羅斯黑海領海一樣，這次挑釁旨在測試中國反應的性質和速度。

2021 年，台灣地區被華盛頓指定為帝國反華行動的新劇場，也是下一個衝突爆發點。

實際上，霸權國最近透過台灣地區領導人的中間人承認美國軍隊一直秘密駐紮在台灣島上，而該駐軍本應於 1979 年 5 月最終離開該島。與此同時，美英澳聯盟 AUKUS 成立，正如我們所見，該聯盟的目的是，在與中國發生武裝衝突時，以"保衛台灣"為藉口，將澳大利亞置於衝突前綫。

---

1 《美國如何"拯救台灣"，迫使中國政策升級符合我們的利益》，UnHerd，2021 年 11 月 9 日（上次訪問日期：2022 年 7 月 20 日）。

最後，在非對稱戰爭的範圍內，我們看到包括法國在內的一些歐盟成員國甘願穿上挑釁者制服，對台灣地區進行官方訪問，多次激怒中國，並發表針對北京方面的煽動性言論。

令人擔心的是，霸權國以其特有的不負責任以及維護其對台灣地區控制權的急切，將向台灣地區（或日本，如果它還未秘密展開話）出售一枚規模適中但足以改變與中國的力量平衡的核武器。

華盛頓的目標是推動台灣地區走上激進的道路，讓台灣地區擺脫目前的現狀，並鼓動台灣地區政權考慮正式宣佈"獨立"，這對中國來說是一個真正的挑釁行為，中國從未改變其在台灣問題上的觀點，甚至官方聲明中使用的詞彙。

如果這種局面佔上風，中國與華盛頓的地區附庸國的軍事升級將隨之而來，因為北京方面不能在自家後院因為一個其一直視為重中之重且與主權概念息息相關的問題上丟臉。從這個意義上說，台灣海峽的危機比 1962 年的古巴危機更危險，因為中國的反應基於事先知曉。

這種基於好萊塢"賤民與英雄"的劇情會破壞中國的穩定，而中國會發現自己被西方社會所"排斥"（誠然，這在世界上是少數群體，但聲音很大），而霸權國將扮演民主的救世主和糾錯者的角色，對華實施一貫的經濟制裁。

但我們必須牢記，對北京方面來說，最重要的是抹去 19 世紀因西方所遭受的屈辱的痕跡，確立其主權，確保與亞洲周邊國家的和平關係，以及防止外國勢力干涉。

中國政府知道，其在這個問題上得到了全體中國人民的支持，他們將準備作出巨大的財力和人力犧牲，以避免在西方手中遭受進一步的屈辱。

至於真正的國際社會，即地球上 82% 的居民，這部分人不認同西方人的身份，他們在尊重一個中國政策和國際法原則的基礎上，越來越多地就這一問題發表自己的意見。

霸權國在這裏虛張聲勢，因為其亞洲盟友對於其破壞中國穩定的企圖所能給予的支持遠不能確定：中國是其亞洲盟友的所有鄰國中最重要的貿易夥伴，因此，任何與中國的重大衝突都會對整個地區產生不利影響。

即使這個霸權國的盟友被說服加入對中國的制裁，日本、韓國或菲律賓對中國產品的抵制也不會對中國經濟產生任何影響。而霸權國及其歐洲附庸國抵制中國產品，卻尤其會導致西方幾乎每個領域都出現短缺。

五角大樓的繪圖板上也有這種高度對抗的場景，華盛頓、布魯塞爾、倫敦和巴黎這片地緣政治戰略顧問的泥潭中擠滿了無數戰爭販子。他們通過操縱公眾輿論以及促成與中國爆發遙遠衝突而受益無窮，而且沒有任何損失，但維持該地區的現狀卻會讓他們跟不上"潮流"，迫使他們不得不在此後花費數年的時間在新保守主義出版物和智庫中撰寫恐華專欄。

這種朝"熱和平"升級的設想雖然可能是災難性的，但卻是完全合理的，因為兩個主角可以進行精確校準，而不會導致全面核升級。這種"熱和平"將是一種"戰爭不可能，和平不可能"的局面，如此才能顛覆雷蒙‧阿隆對冷戰的描述。

在台灣地區或其外圍發動一場持續時間有限的偶然戰爭，造成最小的附帶傷害，對華盛頓來說很有必要，因為它必須在媒體面前表現出一種鮮明的形象，這可能是中國在這一問題上的決心的終極考驗，也是華盛頓擺脫 1979 年簽署的《台灣關係法》的戰略模糊性的一次機會。霸權國在亞洲的日本等附庸國譴責霸權國在台灣問題上的戰略模糊性已過時，並呼籲美國就其參與該地區任何軍事衝突的性質進行"戰略性澄清"。

對美國立場的澄清目前不在議程上，因為一旦宣佈發生衝突，霸權國將在軍事上保護台灣地區，將使台灣成為該地區霸權的官方"盟友"，並會讓人質疑中美關係的"一個中國"的官方政策。喬‧拜登曾在 2022 年因提詞器故障數冒此險，這使得白宮和國務院第二天迅速糾正了這一失誤。

讓華盛頓的其中一個盟友（韓國或日本）挑起一場"偶然"軍事衝突，造成足夠引人注目的人員和物質損失，而不是中國與霸權國之間的明確衝突，將是華盛頓結束其戰略模糊性的機會。通過限制軍事裝備和情報的供應，霸權國實際上可以放棄台灣，讓其自生自滅並最終與中國大陸統一（就像放棄烏克蘭讓其最終被俄羅斯和波蘭瓜分一樣），以換取北京方面在其他地緣戰略問題（非洲的競爭）或金融問題（繼續支持美國債）上的重大讓步，這將使華盛頓人為地將其在世界上的領導地位延續數十年。這將是唯利是圖的雅爾塔 2.0，只有台灣地區為此付出沉重代價。

上述兩種情況突出強調了霸權國與中國的關係中或多或少的明顯衝突因素。第三種假設是尋找靈感過程中失敗的西方模式與正在證明其價值的中國治理模式的融合，這種情況在 2010 年左右開始出現。

4.3 中國的誘惑

西方國家在建立自由市場理論時，曾從中國汲取靈感，而現在，西方在很大程度上受到中國式經濟模式的啟發，但將中國描述為 "保姆國家"，以此諷刺中國的 "統制式資本主義"。

事實上，亞當・斯密的 "看不見的手" 理論可以規範市場，並為政府的放任態度辯護，而這一理論是亞當・斯密剽竊重農主義之父弗朗索瓦・魁奈作品的結果，而魁奈被其出版商和追隨者親昵地稱為 "歐洲孔子"。

作為中國通，魁奈早在 1767 年就在其著作《中華帝國的專制制度》[1] 中讚揚了儒家精英制度。傳統上，這種精英制度將權力委託給學者，不是像歐洲那樣通過世襲官方職位來挑選，而是通過向所有人開放的科舉考試 [2]，一種從普羅大眾中挑選最優秀人才的 "看不見的手"。

這些有文化的公務員，一旦加入政府，就對其開明的君主負責，他們是 "唯一和公正" [3] 的權力持有者，他們出於遵守道德要求和尊

1　在亞當・斯密的《國富論》。

2　從隋朝到 1905 年的清朝，共延續了 1300 年的中國精英選拔和再生的政治文化體系。

3　弗朗索瓦・魁奈，《中華帝國的專制制度》，《公民曆書》，1767 年 3 月至 6 月，第 96 頁。

重自然法則的動機，最終決定重大治理決策，反過來又扮演無形的手調控市場和行政的過度行為。

這種"無形的手"也存在於道家哲學家及其"君權與自然運動互不干涉、和諧相處"的思想觀念之中。

4.3.1 割裂的西方教條主義和根深蒂固的中國實用主義

今天，深陷危機的西方國家在找尋一種能夠維持其搖搖欲墜的權力戰略的過程中，卻很不擅長掩蓋其對中國治理模式的興趣。中國治理模式已經在一個處於強有力的國家調控之下的經濟體系中成功地把馬克思列寧主義嫁接到儒家治理原則上，進而實現整體主權的目標。

西方政府不斷更換其政治人員，但或多或少地遵循了 1945 年以來霸權主義國家所指示的意識形態路綫，但中國治理模式與此不同，它是審慎的、大膽的，而且在不斷演變的，因為它以對形勢和事實的分析為基礎，而不是政府所希望那樣。

中國治理模式認識到每種新形勢的獨特性，也認識到教條在現實面前的不足，不同於西方。西方只通過英美深層政府強加於它的大西洋主義視角來看待世界，於其而言，人類發展的唯一模式是準宗教式地服從一個抽象且據稱是良性的市場規則。

妄稱開發一種普適模式，是西方傲慢的表現，一種典型的盎格魯-撒克遜傾向，聲稱能夠系統化任何過程，使其適用於所有人，這顯然是"空中樓閣"。

相比之下，中國治理模式的成功可以歸功於這樣一個簡單的事實：明智地保留了傳統社會倫理中的有益元素，在社會道德實踐中保持著分層結構和垂直體系，其基礎是年輕人對長者的嚴格尊重[1]、無知者對知識分子的尊重、出身低微者效仿富人的渴望，以及個人對群體（無論是家庭、公司還是整個社會）的自我隱沒。換言之，西方寡頭政治自從逐漸剝奪貴族權力（這一進程的開端可追溯到法國大革命）以來，憑藉文明毀滅的武器，即"平等"的概念，一直在竭盡全力地摧毀一切。這種無原則的"平等"概念是抽象的、根本上有缺陷的，並且直觀上被認為是操縱大眾的騙局。

與中國在進入現代時仍然保持有益的傳統不同，西方正在通過所謂人權、反智主義、仇富、青年主義等方式破壞傳統社會的凝聚力，從而脫離了歷史。但是，我們只能觀察到一個悖論，即社會流動性仍然應用在道德實踐中似乎層次分明的中國，而宣揚"平等主義"的西方長期以來卻阻止實現這種流動性，在那裏一切都是允許的，但又什麼都不可能。

西方政府最近對所謂"極權主義"國家的制裁表明，西方寡頭政治意識到了它未能將自由民主傳播到全世界，這催生了沒有主權權力的"私生子"國家實體和越來越難以治理的人民。西方寡頭政治認為，它已經找到了解決這場治理危機的辦法，並且可以通過將自己對中國治理模式的錯誤理解強加給西方人民，保持對權力的掌控，而其對中國治理模式的分析僅限於是"脅迫人民的工具"。

不管他們承認與否，西方政府顯然正從他們認為是族群管理的

---

1 孝道，從小就教給孩子，他們的家庭讓他們懂得，大人撫養和教育他們後，輪到他們照顧長輩。

"中國模式" 中汲取靈感。西方領導人對新儒家思想和 "亞洲價值觀" 的粗略、錯誤的解讀雖在十年前備受批評，但在不到十年的時間裏已經成為他們有意或無意地帶領西方人民走向的 "新常態" [1]。

在像法國這樣的極端自由主義社會裏，過去四十年裏，個人主義和享樂主義達到了新的高度，"團結統一" 突然成為法國總統的主旨，法國總統正在用破壞自由的法令冒充促進公共衛生和社會和諧的措施。

西方寡頭政治對於中國人民 "對政府的服從"、他們的 "團結" 和 "對團體的忠誠" 感到震驚，而這些在法國會被列為嚴重限制法國人民自由的實例。

"共存" 在西方只不過是政府反覆灌輸的咒語，四十年來，政府一直在認真破壞社會和諧，但在中國卻是實實在在的：從幾千年前的儒家原則開始，已經成為自胡錦濤 2005 年就任國家主席以來歷屆政府的首要目標。

中國促進社會和諧的措施旨在減少社會不平等現象，這種不平等現象在四十年的兩位數經濟增長中合乎邏輯地出現。中國成功維持了社會不平等現象的下降趨勢，基尼係數從 2008 年的 0.491 下降到 2018 年的 0.465 [2]，並將繼續朝著這個方向努力。相比之下，在法國，這個四十年來一直處於經濟衰退狀態的國家，社會不平等正在加

1　"我們是一個有愛心公民的國家。我們需要對方。我們會一起渡過難關"，見於埃馬紐埃爾·馬克龍的推特賬號，2020 年 10 月 15 日 05:45。

2　國家基尼係數，聯合國兒童基金會（UNICEF）。

劇（基尼係數從 1997 年的 0.281 升至 2018 年的 0.298）[1]，"共存"只不過是政治和媒體的咒語，旨在掩蓋輝煌三十年遺留下來的對社會和諧的破壞：無論執政政府的政治標籤如何，非歐洲移民仍然肆無忌憚；未能有效打擊犯罪；沿社會斷層綫劃分族群；雙層司法系統等。

西方是冷酷的怪物，沒有明確的身份，也沒有自己的文明計劃，無法將中國視作一個文明整體，而只能把中國視作一個系統性對手，甚至是生存威脅。它只感知某些技術和軼事方面，將千年文明的巔峰視為"控制人民的簡單工具箱"，而不理解其微妙性、整體性或宗旨。

雖然擔心世界"中國化"是荒謬的，某些媒體大肆宣傳這個荒謬的想法，但西方似乎從中國的某些治理方式中獲得了靈感，同時指責北京方面"陰謀地影響"著西方民主國家。這絕不是中國的影響力策略，這很難計劃，執行起來更是不確定。實際上，西方在霸權國的壓力下正在放棄民族國家模式，進入文明危機，它們同時意識到，如果不想喪失重要性，需要迫切進行改革，並與歐亞文明國家競爭。

在這樣的背景下，西方集體除了腐朽的"進步主義"以及對自由民主的神經質推進之外，無法用任何東西來定義自己，而自由民主正日益顯示出其不足以滿足民眾的需求，此時我們還能談論中國與西方集體之間的文明對話嗎？

由一群傀儡國家組成的歐盟的預期壽命是多少？其凝聚力只有通過不斷重新製造一種外部威脅來證明其擴張（北約在歐洲、亞洲的轉

1　2018 年，les inégalités de niveau de vie augmentent，Division Revenus et patrimoine des ménages，法國國家統計局，2020 年 9 月 9 日（上次查閱日期：2022 年 7 月 20 日）。

移以及不久後在非洲的轉移）的合理性，而將這種做法隱藏在集體安全對抗假設性威脅的藉口之下。

擁有希臘基督教傳統的拉丁歐洲國家（不同於盎格魯-撒克遜歐洲）是否會在為時已晚之前意識到，它們不是"西方"的，與俄羅斯、中國和伊朗人民的共同點遠多於與北美形成的可怕帝國實體的共同點，一個處於內戰邊緣的暴力熔爐，歐洲、中東、非洲和亞洲的被剝奪者延續了他們過去的部落式爭吵，比鄰而居，但因對鄰居的持續恐懼從未共存。

4.3.2 東方領導下的東西趨同

> 那片樂土就是中國，而中國人已然在此。
>
> ——亨利·基辛格《論中國》

中國社會組織對西方財閥具有強大的誘惑力，但即使西方財閥被困在救世主和新殖民主義思想的束縛中，也絕不承認，甚至聲稱反對中國治理模式。

儘管《世界幸福報告》（*World Happiness Report*）每年都宣佈"西方人更幸福"（2021年，以色列以最嚴肅的方式被評為世界上最適合居住第12名的國家）[1]，但不需要進行民意調查就能知道，2022年，中國人對自己的狀況更加滿意，對孩子的未來也比過去四十年的西方人更有信心。怎麼可能不是這樣呢？

---

1 《新冠肺炎疫情下的幸福、信任與死亡》，《世界幸福報告》，2021年3月20日（上次查閱日期：2022年7月20日）。

　　　　　　　　　　　　　理解中國與西方的關係

中國的生活水平穩步提高，而在西方，由於離岸外包、巨大的種族更替、對企業家的閹割性徵稅以及日益被視為外國佔領勢力的歐盟的掌控，大規模失業只會隨著每一屆政府的上台而惡化，無論是右翼還是左翼，他們只是造成政治多元化的假象。

2022 年，西方只能眼睜睜地看著現今的局面，在信奉自由民主優越論的公民眼中，這種局面幾乎是褻瀆神明的：與西方民主國家相比，處於威權政黨控制下的中國社會更富裕、更強大、更安全、更團結、更幸福、更堅定、更有活力。

因此，西方政府承認西方尚未找到進入多極化的 21 世紀的道路，也不願與中國和俄羅斯平等競爭，而只能從某些威權治理模式中汲取靈感，同時繼續自稱是啟蒙運動的追隨者。有多少西方外交官和政客低聲承認 "不能平等地與專制國家鬥爭"？他們能否承認，為保持對西方民眾的控制，他們希望從被他們描述為西方 "生存威脅" 的治理方法中汲取靈感。

4.3.3 走向一個西方式的 "威權政體"？

> 民主其實是多數人對少數人的暴政。
>
> —— 亞里士多德

早在 19 世紀，兩次鴉片戰爭導致當時的清政府與西方列強簽訂一系列的不平等條約，之後中國就從西方汲取了靈感。馮桂芬是清代知識分子，他率先提出借用西方的技術和軍事制度，同時保留新儒家原則，並於 1861 年第二次鴉片戰爭後以其提出的著名成語 "中體西用"[1] 一詞對這一思想進行了總結。這一時期標誌著中國西化進程的開始。

2020 年，形勢扭轉，西方開始借用中國的一些治理方式。

在以健康危機為藉口的暴政滑坡之際，歐洲的"政權"（即通過法令和快速程序立法的政府）正在品嚐威權主義的樂趣，探索各種可能性，卻沒有能力辨別什麼是"可取的"，什麼是"可行的"：符合民眾的利益（這仍是西方政府的一個目標嗎？）才是可取的，而不是可以採取什麼措施來確保他們服從。

歐洲國家的領導人是 20 世紀末重組的新貴族，幾十年來，這些領導人一直表現出的是，他們的唯一使命是執行歐盟（以及華盛頓）的禁令，目的是拆解歐洲國家。他們偽裝成民眾的代表，實際上利用國家作為實現超國家職能的跳板，與之對應的是他們的原籍國承受越來越多、越來越難償還的債務。這讓這些西方領導人看起來很無能，而實際上他們是全球主義寡頭政治的幫兇。

反之，中國政府除了管理效率、不斷改善中國人民的生活條件以及不斷加強黨的幹部的專業化能力的戰略外，沒有其他持續性戰略，因為黨不能把國內或外交政策上的任何失誤或錯誤歸咎於政治生活中的任何其他角色。中國共產黨因為擁有所有的權力槓桿，所以注定會成功。

另外，在西方，輪流選舉為政客們提供了一切可以想像的藉口，

1　馮桂芬，《校邠廬抗議》，1861 年。

他們總是隨時準備指責他們的前任在國家處於高度衰敗狀態時離任，或者指責前任與反對派政治共處，或者哀歎任期太短，無法履行競選承諾，無法證明其競選連任的合理性。

中國歷屆政府在行使權力方面具有西方政府所缺少的三個特點。

第一個特點是數十年（如果不是幾個世紀）的專政治理經驗，正趨向於一種"開明的威權主義"以及堅定但公平、人道的法律應用。

第二個特點是第一個的結果，是人民長期以來對政府的尊重，是儒家教育灌輸尊敬長輩和上級的觀念的結果。

最後一個特點是中國的決策過程不受西方式多黨議會制的限制，這種體制是政黨長期爭權奪勢的同義詞，不僅無能，而且削弱了政治人物的權力，使各方的利益高於他們應該代表的民眾的利益。

政治人才的素質正是促使中國經濟迅速趕上西方的因素之一。即便是中國和西方的新手觀察者都會注意到，在專業水平、政治和哲學成熟度方面，中國領導人與西方領導人之間存在著鴻溝。

20 世紀中葉，西方領導人不再從哲學角度來思考政治，取而代之的是精神分析，而精神分析是西方政體所允許的最後一個領域。公共辯論的假象現在集中於進步主義的社會風潮，所有這些都來自西方左翼的炮製，自 1968 年 5 月以來就一直困擾著公共辯論。新自由主義和古典自由主義的新政治經濟理論都被證明空洞無物，對採用這些理論的社會有害。

中國的政治家，從高級公務員到國家主席、部長和高級黨員幹部，不僅僅是一名檔案總管，更重要的是一名精通中國政治哲學理論的戰略家和理論家，他們要定期接受這方面的檢驗，黨還定期號召他們為中國政治哲學的解釋和發展做出貢獻。

在俄羅斯和中國，政治理論從未停止過發展，從布爾什維克主義到馬克思列寧主義、斯大林主義，再到中國的毛澤東思想、1992 年鄧小平"中國特色社會主義市場經濟"、江澤民的"三個代表"，胡錦濤的"科學發展觀"，最後是習近平的"新時代中國特色社會主義思想"和"人類命運共同體"等，習近平的相關理論於 2017 年寫入黨章，2018 年寫入中國憲法，2021 年進入小學生課程。

每個中國學生都學習領導人的政治思想大綱，而在西方，學生從中學開始就被灌輸性別理論、全球變暖的宗教和荒謬的反種族主義……

4.3.4 中國治理模式相對於西方治理的優勢

西方政體（黨政要員）對自己監管下的自由民主制度的崩潰負有責任，現在正在中國治理模式中尋找靈感，以修補其權力結構，重新獲得民眾的信任，如果沒有，最起碼要獲得民眾的服從。

在觀察了一段時間後，21 世紀 10 年代以來，中國和西方國家在人口監測目標上趨同，我們目睹了所用方法的相似性，以及整個西方在採用這些方法時的加速和激進化，彷彿意識到它需要趕上一些步伐。

例如，在法國，緊急狀態仍持續著，允許通過法令進行治理，國民議會被降格為橡皮圖章立法機構。現政府本身也接受布魯塞爾的指示，即華盛頓特區的指示。

當中國在這個問題上不斷受到攻擊時，西方正在發展一種更加有害的社會信用體系，法國站在破壞自由措施的最前沿。在公共部門（壓制性的 LOPPSI 和 SILT 法律，PHAROS[1] 和 DILCRAH[2] 匿名告發平台）與私營部門（審查"違反社區規則"內容的社交網絡和媒體平台）之間建立夥伴關係，在西方公民生活中的危害和普遍性遠超中國式社會信用，而雖然每個人都聽說過中國式社會信用，但在日常生活中卻很少見。

2020 年，深層政府以公共衛生為藉口接管了整個西方世界，這是一個應用中國民眾控制技術的絕佳機會，中國突然成為效仿的榜樣，而在所有其他領域，中國全都被妖魔化了。

西方政體沒有理解或者故意忽視中國人民接受限制其自由的某些措施，因為，特別是在公共衛生領域，他們完全信任中國共產黨（CCP），對中國共產黨過去在管控人畜共患傳染病（2003 年的 SARS，2009 年的 H1N1，2020 年開始的 COVID-19）方面表現出響應性。

另一方面，在西方，自 20 世紀 80 年代以來，無數以健康為藉口的腐敗醜聞（1999 年血液污染，2010 年 H1N1，毒品危機等）大大降低了公眾對當局保護他們免受公共衛生方面的系統性腐敗的意願和

1　沒有合法存在，屬於中央司法警察局一部分的一個機構。

2　成立了一個部際代表團，敦促互聯網上的 GAFAM（谷歌、蘋果、Meta、亞馬遜、微軟）報告任何"非法"或"惡意"內容。

能力的信心 [1]。

這些腐敗醜聞的肇事者逃脫了懲罰，而在中國影響公民健康的腐敗醜聞則導致地方官員被免職，直接責任人甚至可能被判死刑，相關公司董事被判無期徒刑。

中共黨員並非都是完美的，但黨的組織體系內部的敢於鬥爭和自我革命的原則確保了黨內自然選擇和淘汰落後分子。中國共產黨別無選擇，只能不斷革新自己，向人民表明，中國共產黨正在為中華民族的偉大事業而奮鬥，並且仍然受到最廣大人民的擁護。

國家的偉大始於造福人民。"小康社會"是中國共產黨的官方目標，到 2021 年已經使近 10 億公民擺脫貧困，消除極端貧困，這是中國共產黨可以引以為傲的功績，而西方國家的貧困率卻不斷上升。[2]。

"小康社會"早在鄧小平等發起的改革開放中就被確定為中國社會現代化的主要目標，從那時起，包括習近平在內的每位中國領導人在發表講話時都重申了這一點。

在 2021 年 8 月的國務院白皮書中，中國政府將生存權和發展權列為人權之首，從而否定了西方所定義的人權的普遍性。

習近平決心不再接受西方的道德教訓，指出民主"不是裝飾品，

---

1 歐盟委員會，移民和內政總司，Weistra. K.、Swart. L.、Oortwijn. W. 等人，《關於醫療保健部門腐敗的最新研究：最終報告》，出版署，2017 年（上次訪問日期：2022 年 7 月 20 日）。

2 7400 萬美國人依靠政府食物券來養活自己。

不是用來做擺設的，而是用來解決人民需要解決的問題的"[1]，並補充說，"一個國家民主不民主，關鍵在於是不是真正做到了人民當家作主，要看人民有沒有投票權，更要看人民有沒有廣泛參與權；要看人民在選舉過程中得到了什麼口頭許諾，更要看選舉後這些承諾實現了多少。"[2]

越來越明顯的是，西方政體在超國家深層政府的命令下，傲慢地擺出一副典型的小地方貴族的姿態。

如果說過去十年的方法有所不同，那麼今天就毫無疑問了：從2020年3月開始，以健康為藉口實施的暴政，以及以生態或能源為藉口擴大的暴政，是西方國家試圖在民眾控制方面追趕中國的證據。

首先，中國的治理系統對西方深層政府具有難以置信的吸引力，因為它融合了民族和集中層面。

在闡述這一觀點之前，應該明確指出，不能像西方評論人士有意無意所做的那樣，對中國模式（而它本身並沒有將自己樹立為典範）進行批評，因為中國模式是中國社會數百年民族主義鬥爭的巔峰。這個體制是"中國人為中國人"建立的，只要北京方面沒有將之應用於其他國家人民的雄心，它便只對中國人民負責。

西方媒體經常諷刺中國的制度，他們什麼都討論，但又什麼都不

---

1 "民主不是裝飾品，不是用來做擺設的，而是用來解決人民需要解決的問題的。"習近平，2021年10月。

2 習近平，《真正的民主是人民當家做主》，新華社，2021年10月18日（上次查閱日期：2022年7月20日）。

專業。實際上，中國的體制對西方深層政府來說比它所承認的更具吸引力。其實，這種體制的建立基礎是漢族，中國體制內的這種民族偏向是合理的，因為中國絕大多數人口是漢族，而這可能會被某些西方國家的當權精英濫用並被推翻，以便為意欲對多數群體建立統治地位的少數民族或宗教群體的偏好辯護，而不再是多數民族群體。

至於中國共產黨的權威性，是幾十年的有機演變的結果，它在西方深層政府（歐盟、北約等）的非法精英中的吸引力已不再是一個謎。但是，這種吸引力恰恰揭示了西方國家對中國體制的無知，它過分簡化了中國體制，挑選最適合自己的治理要素，以建立對本國人民的統治。

西方政體的生存危機根源於其完全缺乏合法性，它自己也完全意識到了這一點。為了在數十年被忽視後繼續掌權，西方政客們在沉睡的公民或多或少開明的同意下，逐漸結束了1789年以來困擾著民眾的民主寓言，轉而支持一種已經顯示出更加集中傾向的治理形式，而中國政府則在實踐中游刃有餘。兩種體制的區別在於領導者的合法性以及人民主權的實踐。

由於中國共產黨不斷選拔和篩選9000萬黨員，中國領導人一再表現出對黨、國家和人民的忠誠。這種三位一體的忠誠對於讓一個民族接受某種程度上的服從於一個政治體制至關重要，而這一點恰是西方精英嚴重缺乏的。

從歷史的角度看，中國共產黨不再需要證明其對中國民族事業的奉獻精神：它是在與兩個敵人 —— 日本侵略者及1949年被趕出中國大陸的買辦精英進行激烈的戰鬥之後上台的。今天的西方精英能有這樣的記錄嗎？

令世貿組織和極端自由主義者感到懊惱的是，中國政府正在不懈努力，發展各個行業的民族龍頭企業，確保中國與世界其他國家和地區的所有交易中都有國家偏好。在每個國家精心策劃解散國家工業龍頭企業的西方寡頭政體，能擁有同樣的紀錄嗎？

中國共產黨和中國政府在國界、公民身份、金融、食品、能源、教育、技術等領域保障國家主權和人民權利。而西方寡頭政體一直在積極地破壞西方國家在這些領域的主權，更糟糕的是，面對失敗，它告誡那些"投錯票"的人，並通過一次又一次的選舉向他們確認，沒有計劃改變方向，因為對這些主權領域的破壞尚未完成，故而必須加快"創造性破壞"的進程。

4.3.5 安全與自由：中國已經"化圓成方"了嗎？

在個人自由和集體安全之間取得平衡一直是人類歷史上每個當權者的當務之急，但沒有哪個地方比中國更接近實現這種平衡。

2015 年以來，中國政府為應對霸權國的侵略而採取的強硬措施，不應被誤認為是我們的媒體提煉的觀點，即中國本質上是一種"壓迫文明"。

在談論自由與安全之間取得平衡，可能聽起來像田園詩。然而，中國人民確實是這樣日復一日地生活著：他們知道自己不是生活在異族社會，他們的國家沒有與其他國家交戰，他們的國家邊界沒有被尋求補貼和娛樂的移民所侵犯，街頭沒有不安全感，國外恐怖主義不為人知，他們的年輕人沒有被腐朽的外國娛樂腐蝕（雖也有些毫無意義的國內娛樂節目，但均為本地製作，並且一旦超出合理限度，就會被限制），色情書刊或音像製品被禁，在公共領域沒有不合理的性別政治，席捲西方的反種族主義意識在一個擁有五十多個少數民族、向世界各地的外國人敞開大門的國家裏沒有立足之地。

社會凝聚力是中國的指路明燈。黨永遠不會放棄糾正任何過激行為，以立法或司法的方式，讓混亂使者望洋興歎，無論是中國人還是外國人：從外國非政府組織及其在中國的中介機構，到中國企業集團的不合法行為，任何破壞社會和諧的"攪屎棍"都是不安全因素。

中國人民也知道，他們的工作崗位不是為了增加海外退休股東的利潤而遷往海外的，而那些犯有腐敗罪行的領導者，無論是公共部門還是私營部門的，都會受到公開懲罰。腐敗典型可能是從最富裕和最資深的人中揪出來的，這彰顯了司法公正，法網恢恢，疏而不漏。這通常足以讓所有其他人停止他們的惡行。有句中國諺語說得好："殺雞儆猴"。

最後，與西方媒體不知疲倦地重複的論調相反，實行民主於中國治理而言並不是外來產物。1979 年《中華人民共和國地方各級人民代表大會和地方各級人民政府組織法》規定，地方人民代表大會和地方各級政府就重大決策進行系統的民主協商。有審查省級立法文本的公開聽證會，也有向人民通報公共事務的居委會，人民的意見可以影響地方立法的起草。

相比之下，西方國家給民眾帶來的是急劇減少的個人自由，以及激增的極度不安全感，所有這些都是對民主的日益粗暴的嘲弄：光天化日下的異族統治、外來恐怖主義、對犯罪的容忍、公私合作組織的移民入侵、掩飾大規模種族通婚的反種族主義咒語、對教育系統的有控制的破壞、無處不在的頹廢娛樂讓年輕人走向墮落、推行墮胎自由、將工作崗位遷到國外等等。

西方大眾媒體對中國的諷刺和幻想般的描繪實際上是西方自己的寫照：一個越來越壓抑、荒謬和殘酷的空間。

4.3.6 有中國特色的民主

> 法國大革命對於那些不了解它的人來說似乎是令人欽佩的，對於那些更了解它的人來說是可怕的，對於那些懂得它的人來說是荒誕的。
>
> ——尼古拉斯·戈麥斯·達維拉

對於 1980 年代末期的一些中國學生來說，"自由民主主義"可能具有某種吸引力。這些天真的學生在腦海中樹立了一個自由女神像的微型複製品，認為民主和自由是同義詞。

但現在這部分人自己也承認對民主知之甚少，只看到了法國和美國革命的刻板形象。

當年的青年們在政治上已經成熟，他們中的絕大多數留在中國，通過觀察西方自輝煌三十年結束以來的持續衰落，已認識到，"自由民主"的隱性弊端對文明來說代價遠大於它所聲稱的的好處，而且這種好處也越來越少。這從言論自由日漸式微便可見一斑。自從社交網絡興起以及新冠疫情出現，西方政府便毫無節制地蔑視言論自由。

　　正如 2019 年在五十四個國家進行的民主認知指數（Democric Perception Index）[1] 的一項比較研究所證實的，霸權國的附庸國實行的自由民主已經逐漸失去信譽，不再對中國人民有任何吸引力。研究表明，中國人（大約 50%）比美國人、法國人、意大利人或英國人更相信自己生活在民主制度中。哈佛大學肯尼迪政治學院 2020 年 7 月公佈的另一項年度調查顯示 [2]，93.1% 的中國人對中央政府的表現感到滿意，這一數字自 21 世紀初期以來一直在穩步上升，表明中國人民與中國共產黨實行的社會主義民主制度相適應。

　　相比之下，西方對民主的拙劣模仿可以歸結為選舉活動，這些活動獎勵最上鏡或最有口才的候選人的雄辯和蠱惑人心的言論，他們被媒體炒作並推到了政治舞台的最前沿，有時甚至沒有任何政治經驗，而與其寡頭支持者的財富成正比。從法國一個村莊的市政投票到美國總統選舉，西方的選舉都存在大規模的舞弊行為，其結果數月以來一直存在爭議。

　　在中國，這種政治媒體鬧劇不再被視為西方人民主權的表現，而是政治代表性危機和精英選拔過程失敗的標誌。

　　給全世界帶來教訓的自由民主國家在每次高調的選舉中，在每次

1　民主認知指數，2019 年。

2　愛德華・坎寧安（Edward Cunningham）、托尼・賽奇（Tony Saich）和傑西・圖里爾（Jesse Turiel），《理解中國共產黨韌性：中國民意長期調查》，哈佛大學肯尼迪政府學院阿什民主治理與創新中心，2020 年 7 月，第 3 頁。

多邊峰會上，都會喪失更多的信譽，以致於中國現在用它們自己的民主定義來反對它們，提醒西方，人民的權力在不同國家有不同的形式，而在像中國這樣的主權國家，重要的不是西方提出的民主定義，而是民主的本土表達方式以及其給人民帶來的滿足感。

因此，習近平主席在 2019 年以來的公開講話中，不斷形成"全過程人民民主"的理念：這種政治體制比自由民主更具參與性，"包括直接和間接的民主選舉、公眾協商、以結果為導向的管理和監督決策過程"，而不像自由民主那樣，選民只在投票時才被激活，然後在投票後立即"休眠"，沒有辦法監督其選出的代表在任期內的行為。

4.3.7 西方深層政府，中國深層人民

西方民主國家的政府利用選舉投票的策略來聲稱代表人民，而中國共產黨與之不同，它並不聲稱自己是人民。1949 年，中國共產黨把人民從外國壓迫者和階級敵人手中解放出來，一直致力於中華民族的復興。只要中國共產黨領導下的中國政府維護國家和人民的利益，其合法性和持久性就得到了保證。

如果中國共產黨和中國政府在這兩項任務上失敗了，他們知道他們將面臨"深層人民"的憤怒。人民希望中國共產黨和中國政府在重大社會決策中考慮他們的利益，如果不徵求他們的意見和尊重他們的訴求，他們就會"轉變局面"。

中國政府這種根深蒂固的人民至上立場，西方記者和評論人士看不見，摸不著，無法理解。人民的"紅綫"總是難以猜測，卻是孕育擁有 9000 萬精心挑選的黨員的中國共產黨的沃土。

與西方大眾媒體不知不覺宣稱的相反，中國沒有必要對深層人民"洗腦"：無論面對國內災難還是外部威脅，他們都是天生的愛國者，隨時準備為維護祖國的完整做出財力和人力上的犧牲。

　　中國權力運行的現實與西方媒體渲染的諷刺畫相去甚遠。中國人生活在一個人民當家作主的國家，他們透過這個視角看待西方，想像西方的權力行使與中國類似。中國人無法想像，一個政府不能在本國獨立自主，不會只為本國人民的利益而工作，反而接受一個不代表人民的外國勢力的指示。因此，中國人對於法國等他們認為是朋友的國家所作出的決定，有些不理解。尼古拉・薩科齊總統領導下的法國發生了反華示威活動，其繼任者對法中關係持冷淡態度，這都讓中國人無法理解。他們仍然珍視與戴高樂將軍和雅克・希拉克時的獨立自主的雙邊關係。雅克・希拉克是中國的真誠朋友，也是一位東方藝術品鑑賞家。

　　法國突然從一個歷史悠久的親華國家轉變為冷淡，甚至有時抱持敵對的外交立場，其外交公報支持美國在中國家門口策劃的所有分裂陰謀，這對於中國人來說是不可理解的。除非我們能夠向他們解釋法國自薩科齊擔任總統以來法國轉向大西洋主義的行為。由於法國不再是主權國家，其外交政策只不過是英美大西洋主義政策的一個組成部分。

　　面對我們的這些解釋，我們的中國對話者對法國和歐洲最近關於中國的決定有了更好的理解，最後帶著一絲揶揄結束了對話："那麼，你們是美國殖民地嗎？你們的總統和我們的省長級別一樣嗎？"

　　　　　　　　　　　　　　　　　　　理解中國與西方的關係

4.3.8 西方信息與中國的"宣傳"

西方最無可置疑的先入之見之一是，西方人民能夠獲得事實的、獨立的、多元的、以及最近的"經核實的"信息（法國使用的術語是英語表達"事實核查"），而對於那些沒有自由民主國家生活特權的人，其信息來源只有平淡的政府宣傳。

然而，西方媒體的內容和所謂的"威權國家"的內容正變得越來越相似。中國官方媒體或多或少與官方新聞機構如新華社確立的編輯路綫保持一致。少數私人媒體提供替代性信息，但仍然在限制範圍內。所有這些都為中國人民所熟知和接受。

在西方，美國聯合通訊社（American Associated Press）控制著輿論，而在法國，法新社承擔了這一工作，其下屬媒體則集中在十幾位CAC40（巴黎股市指數）公司老闆手中，為他們的內容繪製了框架。這在西方很難被接受，因為寡頭政體在被稱為"從眾宣傳"[1] 的環境中維持著信息多元化、言論自由和民主遊戲的錯覺。這種環境可以這樣定義：永不拋棄選民，在社會學上最微不足道的領域尋找他，讓他重新參與民主，不惜一切代價把他與國家的決定聯繫起來。如果公民投了票，便意味著他們希望政府採取行動，他們對政府的行為負責，並且會加以捍衛。

在西方，信息有時是左翼的，有時是右翼的，亦可能是保守派的或改革派的，給人一種意見多元化的錯覺，而所有分銷渠道的原材料

1　Ellul, Jacques, *Propagandes*, 1963.

是相同的，每個渠道所採用的格式都以其對應的群體為依據，這是對意見進行市場營銷細分的結果。

中西兩種制度的不同之處在於，沒有一個中國記者會聲稱自己可以隨意寫作，而西方記者，無論是天真還是惡意，都自以為是地聲稱其不受任何分級禁令的規限。這表明新聞學院的教育非常成功，或者編輯部內部的壓力足夠微妙和強大，記者為了避免失業而進行自我審查。

似乎沒有一個自由思考的西方記者對西方世界的媒體都掌握在寡頭手中感到驚訝，這也許是他們反華、反俄、親帝國主義偏見的根源，也是西方輿論單一性的根源，在西方，"仇視中國" 儼然是政治領域各種傾向之間的共同點。

4.3.9 精英選拔，中西誤解的關鍵

中國人對於西方公民與其領導人之間的關係並不那麼理解。事實上，媒體政治馬戲中的每條新聞都提出了同樣的問題：西方人怎麼能表現得對他們選出的領導人如此缺乏尊重，在社交網絡上對他們大喊大叫，在公共場合侮辱他們，有時甚至對他們進行人身攻擊？

這種缺乏理解是很自然的，因為它是從中國社會的道德分層體系、凝聚力和同質性的角度觀察西方政體所得出的結果。

與西方領導人不同的是，中國政治家們真正被人民賦予權力，而西方領導人大多是職業政客，他們的權力是由隱藏在幕後的寡頭政治授予的，他們只考慮連任。而中國政治家的權力，不會受到人民的非議，因為這些權力是他們在獻身於國家的建設之後獲得的。

在中國贏得最高權力是為黨和人民奉獻一生和辛勤工作的結果，這與西方不同。在西方，最高民選官員既缺乏經驗，又傲慢（賈斯廷‧特魯多、塞巴斯蒂安‧庫爾茨、埃馬紐埃爾‧馬克龍、馬泰奧‧倫齊、林登‧貝恩斯‧約翰遜等）。相比較，中國共產黨的官員的治理經驗豐富許多。根據精英治國的理念，中國的每一位最高領導人都是在對其進行培養的過程中樹立起自己的名聲，由上一輩領導人挑選，也得到同輩的尊敬，經歷數十年的黨內職務和行政級別的不斷上升，最後才成為最高領導人的。

在權力達到頂峰之後，任何人都認為中國高級官員對祖國的忠誠是毋庸置疑的，他們的決策也尊重了不同的意見[1]，而且受到大部分人的尊重，並且在對領導人的尊敬基礎之上，在各級政府和軍隊中根據不同情況得到不同程度的應用。

相比之下，西方國家的領導人不知從哪裏來，也不是其所在領域公認的技術人員，而是政黨政治的專業人士。除了從政府借調到國家持有股權的私營公司的短期工作外（但他們沒有直接反覆借調到公開吹噓為共和國提供了幾位總統的私人銀行），他們從來沒有真正從事過此類職業。這些私營公司絕大多數都與包括外國遊說團體在內的工業遊說團體有關。

1　中國共產黨內部許多不同聲音是按照不同地區或地方、行政機關和個人而有差異的，因此重大決策必須在徵求各種意見後以合議形式作出。

結論

中國人和西方人對各自的政府沒有相同的期望，西方人不接受他們的政府加強管制，但是今天的中國人民接受了一定程度的管制和政府對私人領域的干預，原因有二：

第一，絕大多數中國人對中國共產黨和他們的政府有著幾近十足的信心，這表明中國共產黨對國家主權的忠誠以及對人民的忠誠得到了擁護。這種對主權的忠誠在西方早已消失，以至於人民知道他們不受統治者的保護。

第二，中國四十年來經濟增長不間斷，公民權利得到改善，而與之不同的是，西方人民在這四十年只經歷了經濟衰退、中產階級消失、社會結構瓦解、長期處於不安全狀態，包括宗教在內的傳統價值觀崩塌以及個人自由急劇減少。

西方人民所經歷的這種緩慢的窒息和衰退，將是未來社會強烈動盪的根源。以健康、環境保護或其他一些因素為藉口，突然對貧困人口採取一系列壓迫措施（這在當代西方歷史上前所未有），但卻沒有為他們提供任何新的安全和繁榮保障，進而引發一場災難。這也許是全球主義"深層國家"的目的 —— 蓄意攪亂局勢，從而得以在經濟崩潰和全球混亂的背後掩蓋其邪惡工程的失敗。

由窮變富，比由富變窮更容易忍受。然而，西方國家政府並沒有任何東西可以提供給他們的人民，沒有各領域的增長目標，沒有集體項目，沒有共同的命運。相反，他們正在為本國人民應對經濟緊縮、安全崩潰和偽健康災難做準備，他們從未想過自己不得不再次忍受這些問題。

西方正在經歷一個歷史性的轉變，但要實現這一轉變，它缺乏定義它的希臘化時期基督教傳統的方向舵，而且它已經放棄這一傳統，其原因需要另一本書來解釋。除了烏托邦計劃外，西方正盲目地遊蕩，葛蘭西用明暗對照來描述這一過渡時期 ——"舊世界正在消亡，新世界緩慢誕生，從而催生怪物"。

我們正在見證一個新的世界秩序的到來，但可能不是華盛頓的施特勞斯新保守主義者及其追隨者在世界經濟論壇上構想出來的那種秩序。

與混亂的西方國家不同，中國不允許自己被烏托邦所誘惑，正如讓·弗朗索瓦·勒維爾所指出的，"烏托邦沒有任何義務產生結果，其唯一功能就是以不存在的名義譴責存在的事物"。

中國政府正堅定地引導著其始於 1949 年的史詩般的民族復興。與西方文藝復興並不完全不同，西方文藝復興跨越了幾個世紀，是從傳統到現代的過渡。傳統中國在 20 世紀初因前來征服的西方列強而逐漸衰落，但還沒有完成向現代性的第一個世紀的過渡，它打算繼續堅定地扎根於過去使它變得偉大的傳統。

這本書的目的是幫助解讀西方，特別是法國針對中國的非同尋常的抹黑活動背後的原因。令人不安的是，法國也在否認其歷史上的務實立場，既不反中，也不親中。如果這種對中國的不斷誹謗和妖魔化繼續在媒體上傳播，而沒有來自較理性觀察者的細微甄別或駁斥，那麼中國將逐漸違背其意願成為歐洲和美國政要們所指控的系統性對手。而這種不幸的事態發展除了軍事衝突之外，不會有其他結果。這對中國來說將是一場災難，對包括法國在內的一些西方國家來說無異於自殺。

正如 20 世紀的世界大戰一樣，惡之根源在於沒有制衡媒體的力量。它們塑造了公眾輿論，而輿論又成為國家和超國家結構（歐洲議會、北約等）罔顧國際法、錯誤干涉中國內政的基礎。

我們已經看到，中西方之間誤解的最重要部分是精英的選拔。但是，政治雄心只有以一種堅定不移的愛國信念為基礎才能在中國存在，這種信念貫穿於官員整個行政生涯。

這種主權主義的權力維度在西方已經消失了。如果主權概念不迅速回到西方人民的大腦中，那麼一味指責中國的活力和實用主義並無法阻止我們所知道的西歐的衰落。

中國現在的優勢地位，不僅歸功於自己的努力，也歸功於西方的失誤。

未來二十年，這兩者之間關係的性質主要取決於西方。西方在每次與中國互動時，是選擇現在標誌性的歇斯底里式外交，還是允許北京方面在談判桌上佔據合法席位，同時同意西方國家現在可以從與中國的關係中學習和獲益，就像中國在過去四十年裏從西方政策中學習和獲益一樣，都取決於西方。

正在退出部分國際組織的美國，歐盟對華盛頓的順從，以及歐盟核心國家無法將自己從霸權國的統治中解放出來，這些都是中俄關係擴展的因素。

西方被其古老的新殖民主義反應所困，現在已經失去了昔日的超凡魅力。它意識到自己再也無法彌補失去的陣地，已經披上了"壞人"的斗篷，更願意虛構一個四處征服的、貪得無厭的中國，而不是評估自己的衰落。

在試圖重返競爭的道路上，西方可以從中國治理的不足處汲取靈感，就像它今天所做的那樣，從而加速自己的衰落；也可以從中國傳統治理的最優秀處汲取靈感，並嘗試重塑一個能夠和中國一起為全人類（而不僅僅是部分人類）的繁榮作出貢獻的"文明共同體"。

就其本身而言，法國必須認識到，它已經被一個盎格魯新教大師打上了"西方"的烙印，只有在成為歐洲人之前重新成為法國人，復興希臘-基督教根基及與歐亞大陸自然相連的歐洲錨地，才能重拾往日的某些輝煌。法國可以重新自主掌控其外交，並再次成為中國的明確夥伴和朋友。法國大企業的老闆們也應負起責來，不把經濟外交全部交給外交部或財政部，因為這兩個部門似乎滿足於扮演全球寡頭政治中介者的角色。

中國和西方的共同點和分歧點都很多。這兩個超級勢力可能會決定在某些問題上聯合起來，為全世界帶來更大的利益。在摩擦點上，陷入困境的英美霸權國似乎無法遏制其新殖民主義衝動，而現在它已經沒有辦法了，更喜歡使用武力及其慣常的家長式和道德化論調，中國的傳統則更願意擱置分歧，找尋共同點，穩定當前的環境，而不是去縱容霸權主義擴張。

　　未來幾年會採用什麼辦法？一切都會變得非常不確定。

羅弘

香港，2023 年 6 月